OLD PATH
WHITE CLOUDS
WALKING IN THE FOOTSTEPS
OF THE BUDDHA

一行禪師
著

何蕙儀
譯

一 行 禪 師
說
佛陀故事

獅子吼篇

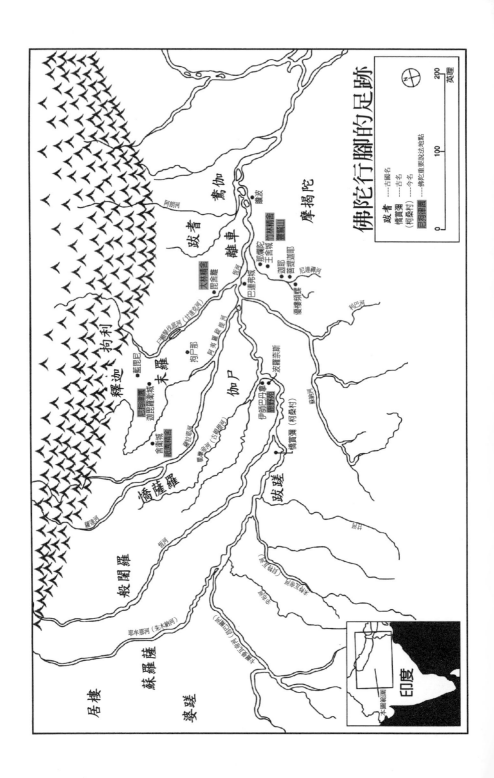

中文版序

　　很高興拙作被翻譯成中文，這正好讓我有機會回饋中國歷代的佛教祖師。

　　我十六歲受戒為沙彌，學習的第一本佛教經典便是用中國古文寫的。學佛的最初十年，我所用的全都是中國古文經典，以及當代大師為參究這些經典而寫的語體文註疏。這之後，我才接觸到藏文、巴利文及源自西藏的佛典。但我從沒忘懷中國祖師的恩德。自學佛以來，我一直受著此智慧之源的恩澤。現在以中文出版拙作，就是希望聊表此感恩之懷。

　　自學僧時代，我已堅信人間佛教這個理念，若能與日常生活相結合，便可以使社會朝著更平等、自由和慈悲的方向前進。全賴這個信念，我才不至於被當時一些佛教的敗壞風

氣所影響，而喪失意志。我告訴自己：你一定要盡力地把佛法與修行適當地運用於現代生活中，要使佛法與現代的科學、民主、人道、環保和社會公平並肩同步。

　　早在一九五二年，我已寫了一本名為《家庭日用佛法》（*Buddhism Applied in Family Life*）的書。幾年後，又寫了另一本書，名為《日常生活佛法》（*Buddhism Applied in Our Everyday Life*）。自此之後，我幫助設立佛教學校、大學、佛教青年社工服務學校和佛教雜誌等，以期使佛法可以在日常生活中實踐。

　　我初期所學所修的佛法，是在某些程度上受藏密影響的禪和淨土。在成長的過程中，身為一個行者，我目睹自己的國家陷於戰禍、暴力、貧困和社會的不平之中。我發覺當時所學的禪和淨土法門，都不能直接解決我周圍以及自心之內的痛苦。我深入鑽研佛理，尤其是四聖諦和八正道，以期能找到直接解決當時苦難的答案。後來幸得《安般》、《四念處》和《釋中禪室》等經典的啟示，使我重拾佛陀教化中「現法樂住」的義理，因而使我一直期待著的「人間佛教」，得以復現。沒有親身接觸和透切理解「苦諦」，是很難得見脫離痛苦的「道諦」的。瞭解痛苦之性質後，才可以用行動和修行來轉化痛苦，使身心康復，這就是「滅諦」。正法的一個特徵，就是需要現身受證。佛陀曾一再強調，正法是在當下一刻生效的。你一開始修行，轉化和康復的過程便立刻

開始了。

　　過去二十年，我主要在北美洲和歐洲的三十多個國家提供專念禪訓的靜修營。在這段靜修的時間裡，參加者會被指導如何修行，以回復身心的安詳與平穩，以及如何承認並接納苦痛，然後深入瞭解痛苦的性質，進而轉化它。修習坐禪、行禪、專注呼吸、專注禮拜、全面鬆馳等，都是為了達到以上的目的。經過這些修習之後，很多參加者都能夠消解內心的矛盾和衝突，與家庭親屬重新溝通。慈心的聆聽與關懷的愛語，都是其中的基本修習。但這些修習的鍛鍊，則必須要靠專念、集中和去深入瞭解的精神所支持，才可以發揮效用。

　　我希望我全部的英文拙作，都能被翻譯成中文版本廣為流通。我也當然會很高興與我的朋友一起多到中國來探訪，保持與中國佛教大德們的對話。佛教只有在更新中才能成為一股新動力，以解決現今人們每天在生活上所遇到的困惑。

　　　　　　　　　　　　　　　　一行禪師

作者誌

　　在撰寫這本書時，我幾乎只從所謂的「小乘」經典中擷取材料，而且刻意引用極少的大乘經典資料，目的是想藉此證明，大乘經典中廣義的佛教教理，全都可以在巴利文的「尼科耶」（Nikayas）以及漢文的《阿含經》中找到。我們在研讀這些經典時，只要保持著開放的態度，就會看見其實所有的經典都是佛教經典，無論它們是屬於南傳佛教或北傳佛教。

　　大乘經典在詮釋佛教的基本教理時，方式是較自由、較有彈性的，如此能避免教理被「具體化」，而在學習及實際修行上變得狹隘或不知變通。大乘經典能幫助我們重新發現「尼科耶」與《阿含經》深奧的一面，因為它們好比顯微鏡

下的一道光，清晰地照射在一個因爲以人爲方式保存下來，
而遭到扭曲的物體上。「尼科耶」與《阿含經》理當更貼近
佛陀教化的原始形式，但在法教的流傳過程中，不免會受到
傳承中特定的修行與詮釋方式所影響，而遭到更改與修飾。
現代的學者與修行者，應該要能從現存的南傳、北傳佛教的
經典中，恢復佛教的本來面貌，而且也應該要熟悉這兩種傳
承。

　　佛經中經常出現神通事蹟，爲佛陀的一生增添了豐富的
色彩，但我在書中盡量避免提到這些事蹟，因爲佛陀本人曾
告誡弟子，勿將時間與精力浪費在追求神通能力上。然而，
我提到了佛陀生平，在社會上或與弟子之間所遭遇到的難
題，如果佛陀在這本書中有什麼和我們一般人很接近的地
方，部分原因是因爲他所遭遇的這些難題吧！

　　　　　　　　　　　　　　　　　　　　　　一行禪師

譯者序

最初淨因法師給我介紹《故道白雲》（*Old Path White Clouds*，編按：《故道白雲》爲本書香港版書名）時，我還以爲這不過又是另一本關於佛陀事蹟的書，與我所看過的一些佛陀傳記類書籍，大同小異。但開始閱讀後，我便愛不釋手，一下子走進了二千五百多年前，以印度東北爲背景的佛陀時代了。

本書直接取材自二十四本巴利文、梵文以及中文的佛典。作者把佛陀一生的主要事蹟和言教，透過佛陀八十年不平凡的經歷，從一個牧童縛悉底與佛陀的一段因緣，一一引述出來。從一個讀者的角度而言，如果說佛陀事蹟與言教的陳述是牡丹，那這本書對於佛陀人性一面的反映，便成了我

眼中的綠葉，而且綠得鮮豔奪目。許多人心目中的佛陀，不僅是佛教的創始人，而且更是一個高不可攀的聖者。但本書通過對佛陀年輕時代的情懷，以至老年時期的健康狀況的描述，把這位聖者與我們每一個人的距離拉近了一大截。或許，從瞭解佛陀人性的一面，我們會同時更瞭解自己佛性的潛能。這就是我覺得綠葉可愛之處！

作為一個讀者、譯者和學佛者，這本書帶給我多方面的享受和啟發。除了多謝淨因法師給我經歷這個旅程的機會，更要多謝法師幫助翻譯書中所有的人名、地名和一些巴利文的名詞。

譯者希望以此中文版本，能與大家分享重步佛陀「故道」，細看「白雲」的感受。

何蕙儀

總目錄

一行禪師說佛陀故事 I · 縛悉底篇

一行禪師說佛陀故事 II · 竹林篇

一行禪師說佛陀故事 III · 獅子吼篇

獅子吼篇

目錄

獅子吼篇

1

覺觀呼吸

　　佛陀或他的大弟子，時常會到比丘尼的精舍說法開示。每月一次，比丘尼也會到祇園精舍或東園參加法會。某一年，在舍利弗的建議下，佛陀把安居的時間延長了一個月。舍利弗知道，如此安排可以讓很多比丘和比丘尼在他們各自的地方結束安居後，仍有時間來到舍衛城親聞佛陀說法。事實正如他所料，最後齊集舍衛城的僧尼，多達三千人。而在家的大護法——善達多、鹿子母和摩利，更竭盡全力提供飲食住宿給這些遠道而來的僧尼。這年雨季安居後的自恣慶典，是在昴宿月的月圓日，並不是在平時的七、八月份。

　　那天，到處都盛開著蓮花，因為每年的這個時候，都是這種白蓮花開放的季節。由於這個原因，九月、十月間的月

這晚月圓之夜，佛陀為三千弟子宣說《安般守意經》。

圓日，又稱「蓮華日」。這晚，佛陀和他的三千弟子在明媚的滿月下坐著，蓮花的幽香從湖上陣陣飄來。佛陀看著默默坐著的比丘和比丘尼，稱頌他們的勤奮精進，佛陀也把握這個機會，向他們宣講《安般守意經》（即「圓滿覺察呼吸」之意）。

在場的僧尼當然都已經知道覺觀呼吸的方法了，但他們大多數都是第一次直接聽佛陀說法，這也是佛陀第一次把所有以往在這方面的開示，全部作一個總結。阿難陀尊者細心聆聽，因為他知道這次的開示，將會成為一部廣為流傳至所有僧伽據點的重要經典。

耶輸陀羅比丘尼和孫陀莉難陀比丘尼也都參加了這個法會，她們是幾年前在喬答彌比丘尼的帶導下，受戒為尼的。她們兩人在迦毗羅衛以北的一座精舍修行，那裡是喬答彌比丘尼設立的其中一個修道中心。耶輸陀羅比她的婆婆遲六個月受戒，而受戒一年後，便已成為喬答彌比丘尼的主要助手。

尼眾一直以來都盡量參與舍衛城的雨季安居，以便直接聽聞佛陀或他的大弟子的開示。摩利王后和鹿子母夫人一向都給予比丘尼全力的支持。最初的兩年，尼眾都是住在御花園裡，第三年後，她們才在王后和夫人的慷慨護持下，成立了第一所尼舍。喬答彌比丘尼自覺年事漸高，便刻意致力於栽培新一代的管理人，這些比丘尼包括耶輸陀羅、頻羅、維

摩那、蘇瑪、末達和納杜他羅。這晚，她們全都在東園，羅
睺羅尊者更把耶輸陀羅和孫陀莉難陀兩位比丘尼介紹給縛悉
底尊者認識，他也因為終於有機會與她們相識而覺得非常感
動。

佛陀宣說此經：

各位比丘與比丘尼，如果你們都可以持續修行圓滿的覺
觀呼吸，將會獲得很大的效益。它可以幫助你們成就「四念
處」（身、受、心、法，或物質、感受、心、心所生之對象）
和「七覺支」（覺醒的七項要素），從而使你們生起智慧並證
得解脫。

「你們應該如以下修行：

「第一口氣息：吸入長的氣息時，要知道自己在吸入長
的氣息；呼出長的氣息時，要知道自己在呼出長的氣息。

「第二口氣息：吸入短的氣息時，要知道自己在吸入短
的氣息；呼出短的氣息時，要知道自己在呼出短的氣息。

「這兩口氣息能幫助你打斷昏沉和妄念，同時使你生起
專念並接觸當下此刻的生命。昏沉就是缺乏專念，呼吸的覺
觀，可以讓你回到自己和真正的生命裡。

「第三口氣息：吸入氣息時，要覺觀全身；呼出氣息
時，也要覺觀全身。」

「這口氣息能使你因觀想身體而與自己的身體真正接
觸，覺觀全身和身體的每一部分，能使你體會到身體存在的

奇妙，也可以把生死的過程，在你的體內顯露無遺。

「第四口氣息：告訴自己吸入氣息時會讓身體安靜平和；告訴自己呼出氣息時也會讓身體安靜平和。

「這口氣息能幫助你獲得身體上的平靜祥和，達至心、身、氣都融合爲一的狀態。

「第五口氣息：告訴自己吸入氣息時感到喜悅；告訴自己呼出氣息時也感到喜悅。

「第六口氣息：告訴自己吸入氣息時感到快樂；告訴自己呼出氣息時也感到快樂。

「這兩口氣息，能帶你跨進感受的領域；這兩口氣息能替你創造滋養身心的平和喜悅。因爲散亂和昏沉都已止息，你才能夠回到自己、投入此刻。幸福和喜悅的感覺，會在你內心生起。

「你沉浸於生命的奧妙，可以親嚐專念所帶來的平和喜悅。由於與生命的奧妙接觸，你便可以把中性的感覺也化爲愉悅的感覺。這兩口氣息，是爲你帶來愉悅的感受的。

「第七口氣息：吸入氣息時，要覺觀自己內心的活動；呼出氣息時，也要覺觀內心的活動。

「第八口氣息：告訴自己吸入氣息時，自己把內心的活動平靜下來；告訴自己呼出氣息時，自己也把內心的活動平靜下來。

「這兩口氣息能使你深入體會自己所生起的感受，無論

是愉悅、不悅或中性的，繼而讓你將它們平靜、安定下來。
在這裡，『內心的活動』是指感受，當你能夠覺觀自己的感
受，並深入洞察這些感受的根源和本質，你才能控制並它
們，並讓它平靜、安定下來，即使它們也可能是從貪欲、瞋
怒或嫉妒所產生的一些令人不悅的念頭。

「第九口氣息：告訴自己吸入氣息時，同時覺觀自己的
心念；呼出氣息時，也同時覺觀自己的心念。

「第十口氣息：告訴自己吸入氣息時，同時讓自己的心
喜悅平和；呼出氣息時，也同時讓自己的心喜悅平和。

「第十一口氣息：告訴自己吸入氣息時，也同時在集中
自己的心念；呼出氣息時，也同時在集中自己的心念。

「第十二口氣息：告訴自己吸入氣息時，同時釋放自己
的心念；呼出氣息時，也同時釋放自己的心念。

「這四口氣息，帶你跨進第三個領域──心。第九口氣
息讓你確認自己心裡的不同狀態，如體會、思惟、分別、快
樂、悲哀和懷疑。你要觀察和確認這些狀態後，才能徹視心
的活動。當你確認心的活動後，才能使你的心寂靜平和，這
就是第十和第十一口氣息的功能。第十二口氣息讓你釋放內
心的所有障礙。這時，你的心才會重現光明，照見意志（行）
的根源，因而降伏重重的障礙。

「第十三口氣息：告訴自己吸入氣息時，同時觀照萬法
的無常體性；呼出氣息時，也同時觀照萬法的無常性體。

「第十四口氣息：告訴自己吸入氣息時，同時觀照萬法的壞滅；呼出氣息時，也同時觀照萬法的壞滅。

「第十五口氣息：告訴自己吸入氣息時，同時觀想解脫；呼出氣息時，也同時觀想解脫。

「第十六口氣息：告訴自己吸入氣息時，同時觀想捨離放下；呼出氣息時，也同時觀想捨離放下。

「以這四口氣息，可以讓行者進入心所產生的物象領域，集中心念以觀察萬法的實相眞性。首先是觀察萬法的無常。因爲萬法無常，故萬法皆會壞滅，當你了悟萬法無常壞滅之性，便再也不受生死之輪所束縛，因而達到放下和解脫。放下並不是鄙視或逃避生命，要放下的，是貪愛執取，如此才能超脫生死輪迴，也就是這萬法滋生的溫床。一旦證得解脫，你便可以在這生命裡活得平和自在，因爲這時已沒有任何東西可以將你纏縛住了。」

這就是佛陀怎樣教導覺觀身、受、心、法的「十六特勝觀」，也就是十六個觀息法門。他又說要將此十六法門用於修習覺醒的七要素，它們就是念覺支（專念觀想）、擇法覺支（審察正法）、精進覺支（勇猛精進）、喜覺支（喜獲法益）、除覺支（輕安自在）、定覺支（集中正定）和捨覺支（捨離妄法）。

縛悉底尊者已聽過《四念處經》，現在加上《安般守意經》，他便可以更深入地投入四念處的修習了。他也體會到

這兩次說法內容的相輔相成，以及它們對禪修的重要性。

　　這三千比丘和比丘尼在月色下聽佛陀說法，個個法喜充滿，縛悉底更在心裡暗自感謝舍利弗尊者安排今晚的法會。

　　一天，不害尊者從外面乞食回來，滿身鮮血，幾乎無法走路，縛悉底趕緊上前攙扶住他。不害要求面見佛陀，他說他在城裡乞食時，因為被人認出他是從前的央掘摩羅，便被圍毆。不害完全沒有還擊，反而合起雙掌如蓮狀，讓他們發洩心頭之憤。最後，他們把不害毆至吐血。

　　佛陀見到不害受傷，便立刻吩咐阿難陀去取一盆水和毛巾來，替他清洗傷口和血漬，又叫縛悉底去採集藥草回來，製成膏藥，為不害貼上療傷。

　　不害尊者雖然傷口劇痛，但並沒有叫喊。佛陀說：「你今天所受的苦，將可以洗淨你以往的痛苦。在愛與覺察中承受痛苦，可以抹去千世的瞋惡。不害，你的衲衣被撕毀了，那你的缽在哪裡呢？」

　　「世尊，他們把缽打碎了。」

　　「我會叫阿難陀給你新的衣缽。」

　　縛悉底為不害在傷處貼上膏藥時，看到不害真的是個非暴力的好榜樣。不害尊者又告訴他一件日前乞食時所發生的事。

　　在森林中的一棵樹下，不害遇見一個正在分娩的婦人，可是，這個婦人難產，非常痛苦。不害大叫了一聲「這麼淒

慘的痛楚！」之後，便跑去求教於佛陀，問他如何是好。

佛陀說道：「跑回去告訴她說：『太太，自出生以來，我從未蓄意傷害過任何生命。憑此功德，我祝福你和你的孩子都能平安。』」

不害抗議道：「如果我這樣說，便犯了妄語！事實上我是傷害過無數生命的！」

佛陀說：「那麼你去告訴她：『太太，自我生於正法之後，便沒有蓄意傷害過任何生命。憑此功德，我祝福你和你的孩子平安。』」

不害跑回林中對婦人說了這番話，不到幾分鐘，那婦人便平安生下了嬰兒。

不害尊者在大道上已走了很遠了，因而獲得佛陀的最高讚譽。

2

木筏非岸

　　那年多季，佛陀住在毘舍離。一天，當他在離大林精舍講堂不遠處禪坐時，幾個比丘在精舍的另一處自殺而死。佛陀知道後，便詢問別人他們自殺的原委，原來，他們是在禪觀身體無常壞滅之本性後，對色身產生了畏懼，以致不欲生存的。佛陀知道這個原因後，感到非常不安。

　　他齊集所有的比丘，對他們說：「我們觀想無常和壞滅的目的，是要看清楚萬法的實相而擺脫它的束縛的。逃避這個世界，並無法使我們達到開悟與自主。要達到開悟與自主，要先洞悉萬法的真性。這幾位同修沒有真正的瞭解，所以才會做出此逃避生命的愚行。他們這種行為，也同時違反了殺戒。

　　「比丘們，一個解脫的人，對世法不會執著，但也不會畏懼。執著與畏懼，兩者都是纏縛我們的繩索。一個真正自由的人已超越了這二者，安住於平和快樂之中，這種快樂是不可度量的。一個自由自主的人不會執著於恆常性和獨立我體這等狹見，也不會執著於無常和無我的邊見。比丘們，你們要理智地本著無執的精神，去學習和修行教理。」接著，佛陀指導他們修習覺察的呼吸，以幫助他們調息並振作起來。

　　佛陀回到舍衛城之後，更講說了很多有關破除執著的教導，以對治一個名叫阿利陀的比丘對教理的誤解。面對著一群在祇園精舍的比丘，佛陀說道：「比丘們，如果你們誤解了教理，就很容易會被困於狹見之中，而讓自己和別人痛苦。你們對教理的聆聽、理解和實行，是需要運用理智的。一個瞭解蛇的人，會用一支有叉的棍子來按下蛇頸，然後才把牠抓起來，如果他抓起蛇的尾部或身體，便很容易被蛇咬到。正如你會運用智巧來捕蛇一般，修學教理也應該運用智巧。

　　「比丘們，教理只是形容真理的工具，不要把它當成真理。指著月亮的手指並不是月亮，手指只是用來指出月亮的方位。如果你把手指當作月亮的話，便永遠不會知道月亮是什麼。

　　「教理就像一艘乘載你渡河到對岸的木筏，我們需要木

筏，但木筏並不就是對岸。一個聰明的人到了對岸之後，不會扛著木筏到處跑的。比丘們，我的教導就像那木筏，是用來乘載你們前往超越生死的彼岸的。好好用那木筏乘載你們到達彼岸，但不要執著地認為它是你的，而不肯放下。不要被困於法理之中，你們一定要懂得放下它。

「比丘們，我所傳授給你們的教導，如四聖諦、八正道、四念處、七覺支、無常、無我、苦、空、專一和無求等，都必須以開明理智的態度來研學。用這些教理來幫助自己達到解脫是對的，但謹記別對它們執持不捨。」

比丘尼的精舍住著五百名尼眾，她們時常邀請佛陀和祇園精舍的尊者前往開示。佛陀安排了阿難陀尊者，負責選派比丘前往尼舍說法。一天，他選派了婆達比丘，婆達比丘雖然在修行上已證得很深的果位，但他的口才卻不見特出。翌日，他乞食後在林中獨自用飯完畢，便前往尼舍。比丘尼都很熱烈地接待他，然後喬答彌比丘尼請他升座開示。

他安坐在坐墊之後，背誦了一首詩：

住於安寂，
見法歸源。
無瞋無戾，
和悅充滿。
圓持專念，

得真自在。
出離欲念，
乃大歡喜。

　　尊者沒再多說，便自行進入甚深禪定。雖然他說的話只
有幾句，但單是他坐在那裡平和安樂的形象，便足以使尼眾
備覺勉勵了。一些較年輕的比丘尼對於如此短促的開示，難
免感到有些失望，便央求喬答彌比丘尼請他再多說一點。喬
答彌比丘尼向婆達比丘鞠躬頂禮後，轉達了尼眾的意思，可
是，婆達比丘只是再重複了一遍詩句，便自行離座了。

　　數日後，佛陀獲悉婆達尊者的開示。有人向他提議，日
後或許應選派較善言詞的比丘前往說法，但佛陀的回應是，
那比丘的在場比他所說的內容更為重要。

　　一天，佛陀乞食回來後到處找不到阿難陀，羅睺羅尊者
和其他的比丘也都說沒有見過他，只有一個比丘報告，說他
好像看見阿難陀在鄰近賤民的村落中乞食。於是，佛陀便叫
那比丘前去找他，那比丘找到阿難陀回來，但同時也帶了兩
母女到精舍來見佛陀，那女兒的名字叫摩登伽。

　　佛陀細聽阿難陀這天遲回精舍的原因。數星期前的一
天，阿難陀在乞食後回精舍的路上，突然感到口渴，於是在
賤民村裡的一個井邊停下來。這時，他看見摩登伽女正把木
桶放到井裡提水，她是一個可愛的女子。阿難陀向她請求一

摩登伽女用井水供養阿難陀。

點水喝，但她拒絕了，她告訴阿難陀自己是一個賤民，擔心為僧人供水會污染他。

阿難陀對她說：「你不需要是高官貴族，我只是要一點水喝罷了，我很樂意接受你的水，請不要怕污染我。」

聽阿難陀這麼一說，摩登伽女便立刻供水給他。她覺得自己對這位英俊和藹、說話溫文的僧人非常傾慕，甚至已對他充滿愛意了。當天，她徹夜難眠，滿腦子都是阿難陀。從那天起，摩登伽女每天都呆立在井邊，只等著看他一眼。她說服母親請阿難陀回家吃飯，阿難陀也接受了兩次的邀請，但當他發覺這少女戀上自己時，便再也沒有應邀了。

摩登伽女對他日思夜想，逐漸消瘦。最後，她忍不住向母親傾訴她對阿難陀的愛意，並表示希望他能還俗與她成親。她的母親呵責她這般愚昧，愛上一個僧人是不可能有結果的，但摩登伽女堅持她寧死也不會放棄阿難陀。摩登伽女的母親怕女兒無法承受，便希望以藥物刺激阿難陀，希望他會對女兒的熱情有所反應。她來自摩登伽族，對一些邪教的藥物是有些認識的。

那天早上，摩登伽女在街上見到阿難陀，便央求他再到自己家裡吃飯，說這是最後一次了。阿難陀有信心自己可以對她們母女說法，使摩登伽女放棄對他的癡戀，但他根本就還沒有機會說法，就已經喝下摻了藥的茶了。當他感到雙腳麻軟、頭暈目眩的時候，才明白是怎麼一回事，便立刻運用

呼吸來抵抗藥效。來找他的比丘發現阿難陀的時候，他正跏趺而坐。

佛陀慈和地問摩登伽女：「你很愛阿難陀比丘嗎？」

摩登伽女回答：「我全心全意地愛著他。」

「你愛他什麼？是他的眼、鼻還是口？」

「我愛他的一切——他的眼、鼻、口、他的聲音、他走路的姿態。大師，我喜歡他的一切。」

「除了他的眼、鼻、口、聲音、走路等，阿難陀還有很多你不知道的美德。」

「是什麼呢？」

佛陀回答：「他的愛心就是其中一樣了，你知道阿難陀比丘愛什麼嗎？」

「大人，我不知道他愛什麼，我只知道他不愛我。」

「你錯了，阿難陀比丘其實是愛你的，只不過不是你渴求的那種愛罷了。阿難陀比丘愛解脫之道、自由、平和、喜悅，由於他對自由和解脫都有所體驗，因此臉上常常掛著笑容。他又愛所有的眾生，希望將解脫之道帶給所有的人，好讓他們都能夠享受到自由、快樂與平和。摩登伽女，阿難陀比丘的愛，是來自瞭解與解脫的，這種愛不會像你那種愛，為你帶來痛苦和絕望。如果你真的愛阿難陀比丘的話，你便會明白他的愛，而且更會讓他繼續生活在他所選擇的解脫之道中。假如你知道如何像阿難陀比丘那樣去愛，便不會再感

到痛苦與絕望了。你的痛苦與絕望是因爲你想私佔阿難陀，這是一種自私的愛。」

摩登伽女望著佛陀說：「但我怎樣才能像阿難陀那樣去愛呢？」

「要在愛的同時，保有阿難陀比丘的快樂和你自己的快樂。阿難陀比丘就像一股清風，如果你把清風捉住，困在愛的牢獄裡，那清風很快便會散滅，而再也沒有人可以享受它的清新涼快，就連你自己也不例外。摩登伽女，如果你愛阿難陀如你愛一股清爽的涼風一樣，你自己也會變成一抹涼風，到時候，你便可以把自己和別人的痛苦與壓力都一併消除了。」

「大師，請您教導我怎樣才能如此去愛？」

「你可以選擇阿難陀比丘的道路。你可以像阿難陀比丘那樣，過著平和喜悅的解脫生活，又將快樂帶給別人。你可以像他一樣，受戒爲尼。」

「但我是一個賤民！怎麼可以受戒呢？」

「我們的僧團，是沒有階級的分別的。僧團裡已經有幾個賤民的男眾受戒爲比丘了，波斯匿王十分敬重的蘇利陀尊者，便是一個賤民。如果你成爲比丘尼的話，將會是第一個賤民比丘尼，如果你願意，我可以請契嬤尼師爲你主持受戒儀式。」

摩登伽女高興不已，立即拜倒在地上向佛陀求受比丘尼

戒，佛陀把她交託給契孃尼師照顧。她們離去後，佛陀便望著阿難陀，然後對眾比丘宣說。

「比丘們，阿難陀的戒願依然無染，但我希望你們與外界接觸時，要小心處理彼此的關係。如果你們常住專念中，便會知道自己的起心動念和外界所發生的一切。愈早覺察問題，愈能夠有效處理問題。在日常生活中時刻修習專念，便能夠增長定力，避免類似的情況。當你們的定力穩固時，看事情的觀點便會明朗清晰，處事也會得宜。定與慧是手牽手的，定慧互通，二而為一。

「比丘們，年紀比你們大的女人，要待她們如姐如母，年紀比你們小的女子，要待她們如妹妹或女兒。不要讓女色的吸引成為你們修行上的障礙。必要的話，在定力尚不夠深厚之前，盡量減少與女性接觸。和她們在一起時，只說有關研習大道的話題。」

比丘們都很高興地接受了佛陀的指示。

3

—

一把珍貴的泥土

　　一天，佛陀在一個貧窮的村莊裡乞食時，遇到一些小童在污泥路上嬉戲。他們正在用泥沙堆砌一個城鎮，裡頭有城牆、倉庫、住宅，甚至河流。他們看見佛陀和比丘走近時，一個小童對其他人說：「佛陀和比丘路過我們的城鎮，我們不是應該給他們供養嗎？」

　　其他的小童都覺得這個主意很好，但卻說：「但我們只是小童，有什麼可以供養佛陀呢？」

　　提出供養的孩子答道：「聽著吧，朋友，我們的泥沙倉庫裡不是存著很多米糧嗎？我們可以拿一些來供養佛陀。」

　　其他的孩子都高興得拍手叫好，於是他們從泥沙倉庫裡掘起了一把泥土，充當他們的米糧，把它放在一塊樹葉上。

想出這個主意的孩子跪在地上，雙手恭敬地以泥土代米奉給佛陀，其他的小童也跪在他旁邊。小童說：「我們城鎮裡的人，現在奉上倉庫的米食，希望您接納。」

佛陀微笑，然後在小童的頭上輕輕拍拍，說道：「小孩子，謝謝你們供養這珍貴的米給我們，你們真有心思。」

佛陀轉過來對阿難陀說：「阿難陀，請你收下這些供養。回到精舍時，用一點水與它拌勻，抹在我房子的泥磚上。」

阿難陀接過了那把泥土，小童請佛陀坐在一棵榕樹下的大石上，阿難陀與眾比丘也圍聚在一起。

佛陀為小童說了一個故事：

「多世以前，有一個太子名叫衛尸朋他羅，他是一個慈心慷慨的人，常常將自己的財物和貧窮、有需要的人分享。他的妻子嘛達利也擁有同樣大的心量，她知道丈夫很喜歡幫助別人，因此對丈夫送那麼多財物給別人，從來都沒有怨言。他們有一個名叫闍鄰的兒子，和一個名叫訖利尸納吉納的女兒。

「在一次饑荒中，衛尸朋他羅太子取得他父王的同意，從倉庫裡分派布米糧餉給飢民。人民的情況非常惡劣，以致倉庫裡的儲糧幾乎發放一空，引起了一些大臣的微言，於是他們意圖阻止太子繼續這麼做。首先，他們提醒大王，如果太子繼續這樣，國家將會受害。他們透露太子曾送出了一頭

宮中的寶象，使大王也爲之愕然。最後，他們成功說服大王把他唯一的兒子送到闇夜吐羅的邊遠山區，讓他一嘗艱苦簡樸的生活。衛尸朋他羅、嘛達利和他們的兩個子女，便這樣被放逐了。

「在往山區的旅途上，他們遇到一個乞丐，太子便把自己身上的外衣脫下，送給了他。再遇到別的窮苦人時，嘛達利又把自己的衣服送給他們，不久之後，闍鄰和訖利尸納吉納也將身上的衣服布施了。一路上，他們一家人都把全部的珠寶財物給了有需要的人。還未抵達山區，他們已經什麼都沒有了，最後，太子更將他們乘坐的一輛車、兩匹馬都施與他人。太子抱著闍鄰，嘛達利抱著訖利尸納吉納，就這樣，他們無怨無悔地走著，直至闇夜吐羅。他們一邊走，一邊哼著歌謠，心裡沒有一點的煩惱，非常消遙自在。

這段路程很長，到達山上時，衛尸朋他羅和嘛達利的雙腳都紅腫流血了。幸好他們在山坡上找到了一間棄置的房子，是從前一個隱士居住過的地方。他們打掃一番後，搜集了大堆的枝葉作床，森林裡也有足夠的水果野蔬供他們食用，兩個孩子很快便學會搜集食物、用泉水洗衣、播種和園作。太子和妻子一起教導孩子們認字寫字，用大塊的樹葉權充紙張，用有刺的樹枝當作筆。

「他們的生活雖然艱苦，但也很滿足地過了三年平靜的生活。一天，衛尸朋他羅和嘛達利在外採摘野果回來，發覺

一對兒女被人擄走。他們在附近的村落四處尋找，也沒有他們倆的下落。

「最後，他們只好帶著疲憊和失望回家，期望孩子們已經自行歸來了。他們在房子裡見不到孩子的蹤影，卻被一個王宮裡派來的官差嚇了一跳。當官差告訴他們闍鄰和訖利尸納吉納都平安無恙，在王宮裡與大王在一起時，他們都喜出望外，便查問事情的原委。官差告訴他們說：『數日前，一位宮中的夫人在市集見到有人在賣孩子，她認出了兩個孩子就是太子的一對兒女，於是，她急忙回家告訴她當參謀的丈夫。他立刻到市集告訴那販商把孩子帶到宮中，更保證他會得到豐厚的報酬。大王也認出那破衣污臉的孩子，就是自己的孫兒，而且發覺自己實在非常掛念你們。

「大王問道：『你是在哪裡找到這兩個孩子的？你要把他們賣多少錢？』

「那販商還未來得及回答，那參謀官便先說：『陛下，女的賣一千兩黃金和一千頭牛，男的賣一百兩黃金和一百隻牛。』

「當時每個人都覺得非常奇怪，大王便問道：『為什麼女的會賣得比男的貴那麼多？』

「參謀官答道：『你肯定珍惜女的比男的多，因為你從來都不責罵公主們的劣行。就連宮中的婢女，你都待她們很好，你只有一個獨子，卻把他放逐到虎豹出沒和只有野果為

食的山區，你不是很明顯地重女輕男嗎？』

「大王不禁流淚，『請不要再說下去了，我明白你的意思。』

「大王得悉販商也是從山上的另一個男子那裡買來孩子的，於是，他給了那販商一些銀兩，並命令他帶領軍警前去緝拿綁匪。大王擁抱著兩個孫兒，仔細問他們這幾年來在山上的生活狀況，也下令把兒媳接回都城。從此，大王十分珍惜這個兒子，更協助他致力於救援貧苦大眾的工作。」

小童們都很喜歡這個故事，佛陀笑著對他們說：「衛尸朋他羅太子很高興與眾人分享他所有的東西，今天，你們和我分享了你們倉庫裡的米糧，讓我非常高興。如果你們每天給別人一點點的禮物，也可以讓他們很高興的。這些禮物未必是要買回來的，把在田裡摘的一朵花送給你們的父母親，就已經會讓他們非常高興了。一句感謝的話或一點愛心，也是很珍貴的禮物。一個慈祥的目光或表示關懷的舉動，也會為別人帶來快樂。每天都給你們的家人和朋友一點禮物吧！我和比丘們要走了，但我永遠都會記得你們今天的供養的。」

小童答應他們會多邀請一些朋友一起前往祇園精舍探望佛陀和比丘，他們很想聽佛陀說故事。

隔年的夏季，佛陀回到王舍城說法，之後，又前往靈鷲山。戍博迦前去探訪他，並邀請佛陀到芒果園住幾天，佛陀

接受了邀請後，便約了阿難陀在那兒會合。這位醫師的芒果園林非常清新涼快，那裡的樹，已是第八年結果了。戌博迦一早便爲佛陀打掃好房子，又每天都準備素菜給佛陀供食。他提議佛陀暫停乞食幾天來恢復體力，又用一些山果根葉泡了一服草藥給佛陀調養。

一天，他們坐在一起時，戌博迦說：「世尊，有些人說您讓比丘吃肉，他們宣稱喬答摩可以容忍殺牲口，供自己及弟子食用，一些人更指責你要別人爲僧團供肉。我知道這不是眞的，但我仍希望聽聽您在這方面的意見。」

佛陀回答道：「戌博迦，那些說我准許殺牲口來吃的人，不是在說眞話。其實我已不只一次談過這個問題了。如果一個比丘看到別人爲給他供食而殺害動物，那比丘當然要拒絕受供。即使他不是親眼目睹而只是耳聞，也應該拒食。再者，就連他對所供之食有此懷疑，也一定要拒絕。戌博迦，依照乞食的習慣，除非他知道供者是因爲爲比丘供食而殺牲口之外，一個比丘是應該接受任何乞到的食物的。知道比丘發願慈悲的人，都會只供養素食給僧人，但有時，他們眞的只有肉類的食品。另一些人則因爲沒有接觸過佛、法、僧，因而並不知道僧人吃素。在這種情形之下，比丘爲免冒犯供者而令供者失去了接觸大道的機會，便應該接受他們的供食。

「戌博迦，總有一天，人們會明白比丘是不會想殺害動

物的。那時，便再也沒有人會給比丘供肉，而比丘便可以全部素食了。」

戌博迦說：「我相信素食對身體是比較有益的。素食的人覺得身體比較輕快，而且沒那麼容易生病，我自己已持素十年了，發覺自己健康狀況很好，而且還能培養慈悲心。世尊，我很高興您給我如此明確的指示。」

戌博迦同時也讚許僧團改變了吃隔夜食物的習慣，那些食物是會變壞而導致生病的。佛陀很感激戌博迦，並邀請他再到精舍來，為比丘們講說基本的衛生習慣。

4

論説之網

戌博迦的芒果園寧靜曠闊，到處都散布著比丘尼的寮房。一天傍晚，一位名叫妙巴的年輕比丘尼，有一些問題要和佛陀商討。她在乞食後走回芒果園的途中，經過一處幽靜偏僻的小徑，卻突然被一名年輕男子攔住去路。她感到這男子不懷好意，便開始觀察呼吸以保持鎮定清醒，然後看著這男子的眼睛說：「先生，我是個修行佛陀大道的尼師，請你讓開，讓我回去尼舍。」

那男子說：「你還這麼年輕貌美，為什麼要把頭髮剃光、身穿黃袍，這麼浪費青春呢？為何要活得像個苦行頭陀？聽我說吧，小姐，你那動人的身段應該穿著伽尸的絲綢紗麗才適合。唉，我真的從未見過像你這麼漂亮的女人。讓

我來教你什麼是身體上的享受吧，跟我來。」

妙巴保持鎮靜，「不要胡說，我要尋找的快樂，是從解脫覺悟之道得來的，五欲只會導致痛苦。快點讓路吧！我會非常感激你對我的體諒的。」

可是，那男子不肯。「你的雙眸美極了，我從沒見過這麼美麗的眼睛，我才不會那麼愚蠢放過你的，我要你跟我走。」

他伸手去抓住妙巴，但妙巴避開了，她說道：「先生，不要碰我，你是不可以侵犯尼師的。我選擇了修道的生活，是因為已厭倦了被欲望矇心所負累的人生。你說我的眼睛美麗，好吧，我就把它挖下來給你，瞎了也總比受你污辱的好。」

妙巴的語氣十分堅決，那男子不免有些動搖，他知道這個尼師真的會這麼做，於是後退了幾步。妙巴繼續說：「別讓你的欲念驅使你犯罪，你不知道頻婆娑羅王已下令要嚴加懲罰所有冒犯佛門僧尼的人嗎？如果你再不檢點，繼續威脅我的貞潔或性命，一定會被拘捕處分的。」

剎那間，這年輕男子忽然恢復了理性，也體會到盲目的狂情真的只會導致痛苦，便讓開讓這位尼師通過，又在後頭呼喊說：「尼師，請原諒我！我希望你在精神之道上成功達到你的目標！」

妙巴一直往前走，沒有回頭。

　　佛陀盛讚這位年輕比丘尼的勇敢和堅貞，他說：「女尼在僻靜的路上行走是非常危險的，這其實也就是我當初不允許女子受戒的原因。妙巴，從現在起，比丘尼都不得獨自外出，無論是渡河、入村乞食或穿過森林田野，比丘尼都不可以獨行，也不許獨睡。無論在房子裡或樹下，比丘尼都不可一個人睡。不管是外出或睡覺，隨時都至少要有一個比丘尼作伴，互相照應、保護。」

　　佛陀轉身向阿難陀指示：「阿難陀，請你記下這條新例，並要求所有的長者比丘尼，將這條律例列入戒律中。」

　　佛陀離開戍博迦的芒果園後，便與眾比丘一起前往那爛陀。他們專注地慢慢步行，每個比丘都留心細察著呼吸。同路上，有兩位苦行師徒在他們的行列後頭跟著走，老師名叫善毘瑜，弟子叫婆羅達多。他們一路上談論著佛陀的教化，善毘瑜對此諸多批評和譏諷，但奇怪的是，他的徒弟卻屢屢與他辯駁，認為佛陀的言教值得欽佩。婆羅達多以滔滔的辯才說服他的老師，走在前面的比丘，都難免聽到了他們在後頭的說話內容。

　　那天晚上，比丘們在菴沒芭娜帝伽這處密茂的樹林裡歇宿，這片土地是屬於王室的，頻婆娑羅王曾通告人民，所有的精神修道者，有需要時都可以在菴沒芭娜帝伽休息，善毘瑜和婆羅達多也在那兒度宿。

　　翌日早晨，比丘們一起討論那對苦行師徒的對話，佛陀

聽聞後,便對他們說:「比丘們,當你們聽到別人譏諷、批評我或正法時,不要生起瞋怒或憤恨不平的感覺,這些感覺對你們有害無益。還有,當你們聽到他人讚歎我或正法時,不要生起快樂、享受或滿足的感覺,這些感覺也是對你們有害的。正確的態度,是應該細心審察別人的批評裡哪些部分是真,哪些部分是假的,只有這樣,你們才有機會學習並進步。

「比丘們,多數稱讚佛、法、僧的人都只具備表面上的淺見,他們都欣賞比丘們清淨無染、簡樸寧靜的生活,但他們看不到更深入的層面。那些深得法要的人,不會說太多稱讚之詞的,他們都明白覺悟的真實智慧,這智慧高深奧妙,超越一般的言說與思想。

「比丘們,這世上有無數的哲理、學說和理論,很多人在這些論說上無止境地互相辯論,以我所查得的數字,就有六十二派主要的論說,從中發展出目前世上數以千計的哲學和宗教理論。從解脫覺悟之道的角度來看,這六十二派的論說都含藏著妄見,造成了很多障礙。」

接下來,佛陀便為他們解說這六十二派論說的中心思想,同時揭露它們的錯誤所在。他先說討論「過去」的十八種學說——永恆四論、部分永恆四論、有限與無限四論、無盡含糊四論、以及相信無因二論,繼而解說四十四種討論「未來」的學說——相信死後靈魂存在的十六論、相信死後

沒有靈魂的八論、相信死後沒有靈魂存在也沒有靈魂不存在的八論、斷滅七論，以及認為現在就是涅槃的五論。指出這些學說的錯誤後，佛陀說道：「一個稱職的漁夫，會將漁網放到水裡來捕捉海中的魚蝦，當他見到這些魚蝦竭力想跳出網外的時候，他會對它們說：『無論你們跳得多高，始終都仍在網內。』漁夫說得對，千萬的理論學說都落在這六十二派論說之網內。比丘們，不要墮入這個梵網之中，這樣做會浪費你們很多時間的，更可能讓你們失去修行正道的機會，不要落入空談猜度的網內啊！

「比丘們，人們會被自己對事物的觀點和感受所誤導，因而會產生這所有的理論和信念。如果不實修專念，根本就不可能見到思想與感受的本質。當你能徹視思想和感受的根本真性時，才能看到萬法緣生和無常的真實體性。這時，你們便不會再被困於貪欲憂懼之網，以及六十二妄論的梵網之內了。」

開示之後，阿難陀尊者外出散步，並專注集中地回憶剛才佛陀所說的每字每句。他想：「這是很重要的經，我將叫它《梵網經》。這個網，囊括了這世間所有的妄論教條。」

5

鹿子母夫人的哀傷

離開菴沒芭娜帝伽之後，佛陀先去了那爛陀，然後再前往鴦伽的一個大城市——瞻波。鴦伽是頻婆娑羅王管轄的地區，人口眾多、土地肥沃。佛陀在那裡時，住在伽伽羅湖畔的一個森林裡，湖邊開滿了芬芳的蓮花。

許多人都特別來到這裡聽佛陀說法，其中有一個名叫蘇納檔達的年輕人，是個富有的婆羅門。在當地，蘇納檔達的聰明才智是人人所仰慕的，他的一些朋友曾勸他不要拜訪佛陀，他們認為這麼做，給這個沙門喬答摩太多面子了。但蘇納檔達卻和顏悅色地告訴朋友，他不會輕易錯過這個機會，認識像佛陀這樣有非凡深度的人，他認為這是個千載難逢的好機會。

「我需要增廣見聞，」蘇納檔達說，「我要知道沙門喬答摩在哪一方面比我高超，我自己又哪裡勝過他。」

數百個婆羅門決定加入蘇納檔達的行列，一起步行前往伽伽羅湖。他們對蘇納檔達充滿信心，肯定他會讓大家看到婆羅門的教理比佛陀的殊勝，他們都相信蘇納檔達不會使他們的教派蒙羞。

面對早已被人群包圍的佛陀，蘇納檔達呆住了一會，不知道說什麼才好。看到這種情況，佛陀為免他窘惱，便自行先說：「蘇納檔達，你可否告訴我們，一個真正婆羅門的先決條件是什麼？必要時請你引述《吠陀》作依據。」

蘇納檔達非常高興，因為《吠陀》是他的專長，他說：「沙門喬答摩，一個真正的婆羅門，應該具備五個條件——外貌俊朗端正、擅於持誦祭儀、血統純淨可追溯至七代之遠、要有賢德的行為並有智慧。」

佛陀問道：「這五個條件中，哪些最受重視？如果或缺其一，仍然算是真正的婆羅門嗎？」

蘇納檔達想了一會，便說最後那兩個條件才是真正不能缺少的。外觀、祭儀的擅長以及血統的純淨都不是絕對需要的。那五百婆羅門聽到蘇納檔達如此回應，都感到很不悅，全都舉起手來揮動著，表示不同意他的說法。他們認為他是受到佛陀的盤問才有所動搖的，而且認為他的反應實在令婆羅門丟臉。

佛陀轉過身來對他們說：「各位嘉賓！如果你們對蘇納檔達有信心的話，請保持肅靜，讓他繼續說下去；如果你們對他沒有信心，便請叫他回座，我可以和你們其中任何一人繼續對話。」

每個人都沉默下來，蘇納檔達望著佛陀說道：「沙門喬答摩，請容許我對我的朋友們說幾句話。」

蘇納檔達轉過頭來，指著坐在前面，屬於他們階層的一位年輕男子說：「你們都看到我的堂弟鴦伽迦嗎？他是個英俊瀟灑的少年，而且舉止溫文高雅，除了沙門喬答摩之外，很少人可以與他的容貌相比。鴦伽迦對《吠陀》也非常精通，而且對祭儀的種種禮節十分熟悉，他純潔的血統，從父母雙方都可追溯至七代之遠。相信沒有人可以對他這三個條件有所懷疑了。但假如鴦伽迦是個姦淫殺掠、偷拐擄騙的醉漢狂徒，那麼，他的俊朗面容、祭儀熟技和純淨血統又有何價值呢？好朋友們，我們一定要承認賢德和智慧才是一個婆羅門最必須要具備的條件。這是所有人的真理，並不單是沙門喬答摩的。」

人群都熱烈鼓掌，待掌聲停下來，佛陀又問蘇納檔達：「賢德與智慧兩者，有哪一樣是比較重要的嗎？」

蘇納檔達回答道：「沙門喬答摩，賢德是來自智慧的，但智慧的增長，又有賴賢良的德行，它們兩者是不可分割的。這就像用一隻手洗另一隻手，或用一隻腳替另一隻腳搔

癢，賢德與智慧是互長互養的。賢德使智慧顯現，智慧令行為更趨賢良，這兩種特質都是生命裡至為珍貴的。」

佛陀回應道：「非常好，蘇納檔達！你說出了真義。賢德與智慧，確實是生命裡的至寶。你可以再申說嗎？怎樣才能把賢德和智慧發揮至最高境界呢？」

蘇納檔達微笑著合上雙掌，向佛陀鞠躬頂禮，說道：「大師，請您指點我們。我們雖然知道這些原理，但您才是證得大道真理的人。請您告訴我們怎樣才能將賢德與智慧發揮到最高境界吧！」

佛陀對他們宣說解脫之道，他告訴他們開悟的三次第——戒、定、慧。持戒生定，定能生慧，慧能令我們更深入地持戒。持戒愈深，定力愈長，甚深的禪定，又可啟發更高的智慧。佛陀又講解如何觀想因緣互生法以破除恆常和獨立自性的妄見。觀想緣起，可以幫助我們斷除貪、瞋、癡，而達至解脫、平和與喜悅。

蘇納檔達聽得非常入迷，佛陀說完後，蘇納檔達站起來合起雙掌，說道：「喬答摩大師，請接受我的感謝。您今天使我重見光明，把我從黑暗中帶領出來。請您讓我皈依佛、法、僧，同時，我也希望請您和比丘們明天到我家裡，接受我的供養。」

佛陀與蘇納檔達這天的誠懇交流，在這一帶的各階層都引起了震撼，一群婆羅門的知識分子，都追隨了佛陀為師，

其中包括了離車難伽那村的著名婆羅門阿摩伽，和他的老師布伽羅薩帝。當婆羅門投飯佛陀門下的人數日漸增多時，一些婆羅門和其他的宗教領袖便難免心生嫉妒了。

他們還停留在菴沒芭娜帝伽的時候，縛悉底曾向目犍連尊者請教當時不同的宗教運動，目犍連幫他把所有的宗派做了一個總結。

首先有富樓那迦葉的宗派，他的門徒是不信道德禮教的，他們堅持好與壞只是傳統習慣引起的觀念。

末迦利瞿舍梨子的信徒，是宿命主義者，他們相信一生中所發生的，都是先天註定而不是個人的能力可以改變的，就連一個人在一千年或五百年後得到解脫，也是早已註定的，與他個人的努力和修行無關。

阿耆多枳舍欽婆羅所教導的，是享樂主義，他相信人是由地、水、火、風四種元素所組成的，一旦死後，便一無所有，因此他認為應該在有生之年，盡量體驗世間的享受。

以迦羅鳩馱迦旃延為首的一宗，則持相反的見解，他們相信一個人的肉體與靈魂，都是永不壞滅的。他們認為，人是由七種元素所組成——地、水、火、風、苦、樂以及生命力。生與死只不過是外在形式，因七種元素的聚散而產生的短暫現象，一個人的真實本質是永遠不死的，無法被摧毀的。

舍利弗和目犍連兩位尊者，都曾屬於刪闍耶毘羅胝子的

宗派。刪闍耶所教導的是相對性，他相信眞理會隨著環境與時空而改變，在某一個情形下的眞理，在另一個情形下未必是眞理。一個人對環境、事物的覺知，才是最佳的度量。

尼乾陀若提子（尼乾子）所帶領的一群，是異行的苦修者，他們不穿衣服，又對所有眾生都嚴持不殺之戒。尼乾子所教導的，是一種二元對立的宿命論。他相信宇宙中有兩種基本力量——「命」與「非命」。這一宗派在當時非常受尊崇，因此在社會上有很大的影響力。比丘們與這些耆那教的苦行者時常有接觸，他們都同樣尊重生命，但同時也有很大的差異，而且有一些耆那教弟子對比丘抱持著敵對的態度。目犍連尊者對這派的苦行尤其反對，直斥他們過分極端，因此，有許多苦行頭陀對目犍連尊者特別有敵意。

佛陀回到舍衛城後，住在東園，他在這裡的訪客川流不息，一天早上，鹿子母夫人前來造訪。當佛陀看到她全身衣髮濕透，便問她：「鹿子母，你剛到哪兒去了？為何衣髮盡濕呢？」

鹿子母夫人哭著訴說：「世尊，我的孫兒剛死去。我想前來見您，但卻忘了帶雨傘。」

「鹿子母，你的孫兒多大？因何而死？」

「世尊，他只有三歲，是死於傷寒。」

「可憐的孩子。鹿子母，你有多少孩子及孫兒呢？」

「世尊，我有十六個孩子，九個已結了婚。八個孫兒，

現在只剩下七個了。」

「鹿子母，你是否很喜歡有這麼多孫兒？」

「當然了，世尊，愈多愈好。如果他們的人數如舍衛城的人口那麼多，我不知道會有多快樂了。」

「鹿子母，你知道舍衛城裡每天有多少人死去嗎？」

「世尊，有時會有九到十個的，但每天最少都會有一個。在舍衛城，沒有一天是沒有人死去的。」

「鹿子母，如果你的孫兒數目如舍衛城的人那麼多，你的頭髮和衣服豈不是天天都要濕透了？」

鹿子母合起掌來，「我明白了！我真的不應該想要有像舍衛城人口那麼多的孫兒。一個人的牽掛愈多，痛苦便愈多。您時常都這樣教導我，但不知怎麼的，我總是忘記。」

佛陀輕輕微笑。

鹿子母告訴他：「世尊，您總是在雨季之前才回到這裡。一年中其他的時間，您的弟子都非常想念您。沒有您在，我們來到精舍也覺得很沒意思，都不知道要做什麼才好，我們通常只會在您的房子附近走一走，便回家去了。」

佛陀說：「鹿子母，勤修正法比造訪精舍更重要，況且，你來到精舍，也必定有其他的尊者在說法，你可以向他們請示修行的法要。法教和導師絕無分別，請不要因為我不在這裡便荒廢你的修行啊！」

站在旁邊的阿難陀尊者，想到了一個主意，「在這裡種

植一棵菩提樹，應該會有幫助的。這樣，信徒前來的時候，便可以用這棵菩提樹來代替您。他們甚至可以向它鞠躬，象徵對您頂禮，我們也可以在樹下建一個石壇，讓信徒供花，他們可以繞樹而行，觀想佛陀。」

鹿子母夫人說道：「這主意真好！但你去哪裡找來菩提樹啊？」

阿難陀答道：「我可以在優樓頻螺佛陀證道那兒取來菩提樹的種子。別擔心，我會取得種子，把它栽至發芽，再種成大樹。」

鹿子母夫人感到比較輕快和安慰一些了，她向佛陀和阿難陀尊者鞠躬禮辭後，便回家去了。

6

獅子吼

在同一個雨季裡，阿難陀提出了一個關於緣起的問題，佛陀便對比丘們宣講緣生之法的十二種因緣關係。

他解說：「緣起之法理至為深奧，你們不要以為單憑一般的言語開示便可以得其要領。比丘們，優樓頻螺迦葉尊者之所以能夠入正法之道，都是因為聞得緣起之法。我們之中備受尊重的舍利弗尊者，也是因為聽到一首有關緣起的偈語而入正道的。你們必須每一刻都觀想緣起之法性，當你們看到一片樹葉或一滴雨點時，要觀想所有讓這片葉子和這滴雨點存在的遠因近緣。你們必須知道，這世界是千絲萬縷的因緣所互相牽引、交織而成的。此有，故彼有。此無，故彼無。此生，故彼生。此滅，故彼滅。

「任何生滅之法，都與其他所有的生滅之法相連。一中含多，多中含一。沒有一，便沒有多。沒有多，便沒有一。這就是緣起法的奧義。如果你們洞悉萬法的體性，便可以超越生死所引起的所有煩惱。這樣，你們才能衝破生死的巨輪。

「比丘們，『緣起法』的連鎖關係有很多層次，大致可分為四類——主因之正緣、增上之助緣、相續無間之行緣、和心生對象之攀緣。

「主因是世法現象生起的必須條件。例如，一粒米，就是一棵稻米的主因。幫助這粒米生長成稻的種種因素，就是助緣。在這個例子裡，這些助緣包括了陽光、雨水、泥土等。

「相續無間的行緣，是一個不間斷過程，其本身也是個潛在的因素。沒有這不斷進行的過程，或過程中受到干擾而中斷的話，稻子便長不成了。這些作為因素的對象，其實也就是心識所產生的對象。米，以及所有讓米長成稻的遠近因素等，全是心識所產生的對象。心就是所有的法之所以存在的基本條件。

「比丘們，苦惱是因為有生有死才存在的，那是什麼引起生和死的呢？是『無明』。首先，生與死是一種心理概念，這個概念是無明的產物。當你們深刻洞察萬物的起因，便能夠降伏無明，一旦降服了無明，便能超越所有的生死概

念。超越了生死的概念之後，你們便能降伏憂愁與煩惱。

　　「比丘們，有死之念是因為有生之念，這等妄念都是因為認為有獨立自性的『我』。有我的妄見，來自執取。執取的產生，是因為愛欲。有愛欲，是因為我們看不清感受的本質。看不清感受的本質，是因為我們被困於六根六塵的接觸之中。我們被困於六根六塵的接觸之中，是因為我們的心並不清淨平和。我們的心並不清淨平和，是因為我們的起心動念與行為。這些起心動念與行為，是因無明所致。這十二種因緣關係相互牽引，彼此密切連繫。在一種因緣關係中，可以見到其他十一種關係。缺少了其中的一個環節，其餘的十一個環節便不會再存在。此『十二因緣』就是死、生、有、取、愛、受、觸、六入、名色、識、行、無明。

　　「比丘們，無明乃十二因緣之始因，而觀想緣起法，可以使我們摒除無明、超越煩惱。一個覺悟的人，可以跨越生死之海的驚濤駭浪，而不墮溺其中。一個開悟的人，利用十二因緣法，如同利用馬車的車輪一般。一個覺者，雖住於世間而不淹沒其中。比丘們，不要逃避生死，你們只需把自己提昇到生死之上。超越生死，才是一個『真正偉大者』的成就。」

　　在數日後的一個佛法研討會上，摩訶迦葉尊者提醒僧眾，說佛陀已多次宣講緣起之法，因而此法可視為覺醒之道的核心教理，他又說佛陀曾以一撮蘆葦來比喻緣起法。佛陀

當時說過，萬物並沒有一個造物主，而是互為因果的。無明引致起心動念，而這些意志作用又再產生無明，正如蘆葦相互倚傍而立，一枝蘆葦倒下，其他蘆葦也就相應而倒，這就是宇宙萬象的真相──多從一生，一從多起。如果我們洞察得夠深入，便可見到一中有多，多中含一。

在這同一個雨季，幾個婆羅門合謀，意圖誣告佛陀與一個女子發生關係，而讓那女子懷孕。他們找到一個名叫輕斜，年輕貌美的婆羅門女子，然後告訴她婆羅門的急遽失勢，是因為有許多年輕人受到佛陀的教唆，而成為他的弟子。為了保護自己的信仰，輕斜便答應與他們合作。

她每天前來祇園精舍，都身穿一襲美麗的紗麗，手拿一束鮮花。她不會準時前來參加法會，只是站在講堂的附近，等待信眾離場。起初，她被人問及在那兒做什麼時，她總是不回答，只是微笑。數日後，她開始有所反應，但也只是說：「我就是去我要去的地方。」再過幾個星期，她便開始含糊地答覆：「我要去找沙門喬答摩。」最後，她又被人聽到這樣說：「在祇園精舍度宿，真是不錯！」

很多人都覺得她的話很刺耳，一些信眾開始有些懷疑，但都沒有提出疑問。一天，輕斜出現在佛陀的法會裡，她的肚子明顯地隆起來。佛陀正在說法時，她突然站起來大聲說道：「喬答摩師父，你說法這麼有口才，地位又那麼受人敬重，卻對我這個被你弄大肚子的可憐女子，全不理會。我的

孩子是你的，你願意負起你這親生骨肉的責任嗎？」

眾人一陣騷動，每對眼睛都注視著佛陀。佛陀只是淡淡地微笑，答道：「姑娘，只有我和你才知道你所聲稱的是否屬實。」

眾人已經按捺不住他們的驚訝，幾個人怒氣沖沖地站起來。輕斜忽然感到恐慌，生怕別人會打她一頓，便急忙尋找出口離開，但在慌亂中卻不小心跌倒。正當她掙扎著想站起來的時候，一塊又大又圓的木塊從她肚子的地方掉了出來，正好落在她的腳上，她痛得大叫一聲，趕緊抓著差點被壓扁的腳趾。現在，她的肚子變平坦了。

群眾頓時都鬆了一口氣，一些人不禁大笑起來，另一些人則譏罵輕斜。契孃比丘尼走上前，輕輕摻扶著輕斜離開了講堂。她們兩人出去後，佛陀再度恢復說法，就像沒有發生過這件事一樣。

佛陀說：「信眾們，就如光明驅散黑影一般，覺悟之道可以打破無明的高牆。四聖諦、無常、無我、緣起、四念處、七覺支、三門、八正道、全都像獅子吼般被宣說過，因而破除了無數的妄見邪說。獅子是萬獸之王，離開洞穴時，牠會伸展身體，眺望四面八方。搜尋獵物之前，牠會發出如雷聲般的吼叫聲，其他動物無不震驚而逃。雀鳥高飛、巨鱷潛入水裡、狡狐也急忙鑽進洞裡去。就連村中的大象，雖然有彩帶裝飾和金傘為蓋，都會被這吼聲嚇得四處亂跑。

「信眾們，覺悟之道的宣說，就正如獅子吼！邪說為之震驚。宣說無常、無我、和緣起法時，長久以來都從無明和昏昧中尋求安穩的人天眾生，都立刻醒了過來。一個人見到耀眼奪目的真理時，他會驚歎：『長久以來，我們都抱持著危險的妄見，以無常為常，又以為有個獨立的我。我們誤把苦惱當享樂，視短暫為永恆。我們又錯誤地認假為真。現在是時候了，讓我們打破迷惑顛倒的妄見之牆吧！』

「信眾們，覺悟之道使人們得以消除妄見的厚厚屏障，一個覺者出現時，大道便如漲潮時的浪濤聲般四處回響。潮水高漲時，所有的妄見會全部被沖走。

「信眾們，一般人很容易墮入四種陷阱。第一種是對感官之欲的執取不捨；第二種是對狹見的執著；第三種是對正法的懷疑；第四種是有『我』之妄見。覺悟之道幫助我們不墮入這些陷阱。

「信眾們，緣起之法可以幫助我們克服每一種障礙。在日常生活中，你們應該時刻觀照身、受、心、法之間，互依互緣的本質。」

翌日，阿難陀在大堂裡重複講說佛陀的言教，他稱這部經為《獅子吼經》。

這個雨季裡，很多比丘都患上了瘧疾，一些比丘因太瘦弱而不能到外頭乞食。雖然其他比丘都很樂意與他們分食，但因乞來的食物通常都含有咖哩，不適合生病比丘們的腸

胃,因此,佛陀特別允許在家眾為這些比丘準備食物。他們會烹調一些容易消化的食品,如加有蜜糖、乳汁、蔗糖和油等營養材料的米粥。有了這些食物的補充,比丘們也慢慢康復了。

一天禪坐後,佛陀聽到很多烏鴉的叫聲,查看之下,他發現一些比丘正在拿病僧的食物餵烏鴉。他們解釋說,當天上午,幾個生病的比丘都沒有胃口,過了中午,比丘們都不許進食。佛陀問他們為何不留著食物等到明天再吃時,比丘們提起有關不可吃隔夜食物的規條。佛陀告訴他們,以後生病的比丘,不用持守過午不食之戒,並說如果有一些食物是可以保留的,便可留至翌日。

不久之後,一位醫師從城裡來造訪舍利弗尊者,他建議生病的比丘吃一種特別泡製的草藥。之後,比丘們便迅速恢復健康了。

7

舍利弗之吼

　　雨季過後，舍利弗尊者向佛陀道別，準備到外地弘法，佛陀祝願他旅途平安，身心都了無罣礙。他也希望舍利弗這次的弘法努力，不會遇到太多的障礙，舍利弗尊者表示感謝後，便起程離去。

　　當天下午，有一名比丘前來，向佛陀申訴舍利弗尊者待他的不是，他說：「我今天問舍利弗尊者往哪兒去的時候，他不但沒有回答，還把我推倒在地上。接著，他沒有道歉，便繼續上路了。」

　　佛陀對阿難陀說：「我相信舍利弗應該不會走得太遠，派一個學僧前去追上他，我們今晚要在祇陀講堂召開集會。」

　　阿難陀照著佛陀的吩咐去做。傍晚時，舍利弗尊者已經與學僧回到精舍了，佛陀告訴舍利弗說：「舍利弗，我們大家今晚在講堂集會。有一位比丘投訴，說你把他推倒在地上，而且毫無歉意。」

　　那天下午，目犍連和阿難陀兩位尊者在精舍內四處通傳晚上的集會，他們說：「你們都受邀參與今晚在講堂的集會，舍利弗師兄這次有機會表現他的獅吼了。」

　　當晚沒有一個比丘缺席，他們都想看看舍利弗尊者如何應付那些對他一向有埋怨的比丘。舍利弗尊者是佛陀最信任的弟子之一，因而成為很多比丘所妒嫉、誤會的對象。有些比丘認為佛陀對他過分信任，覺得舍利弗在僧團的影響力太大。一些被佛陀指責過的比丘，更認為這是因為舍利弗在佛陀面前說他們的長短。很多比丘簡直覺得舍利弗很討厭，他們不能忘記數年前佛陀邀請舍利弗共享法座的情景。

　　阿難陀尊者還記得八年前有一位名叫俱迦利的比丘住在祇園精舍，他對舍利弗和目犍連的成見，就連佛陀也勸他不來。俱迦利認為他們兩人極其虛偽，所做的一切，都只是為了自己的野心。佛陀曾私下與他細談，告訴他這兩位長者其實非常真誠，所作所為也都是出自一片慈心。可惜俱迦利滿懷嫉妒與怨恨，對這些話充耳不聞。最後，他離開了精舍，前往王舍城找提婆達多尊者，日後更成了他的親信。

　　也就是因為同樣的原因，阿難陀尊者起初才不願意擔任

佛陀的侍從，他如果沒有事先提出不與佛陀同房共食等這些條件，阿難陀知道很多師兄弟也都會對他有敵意的。有些比丘就是覺得佛陀沒有給予他們足夠的照顧，阿難陀明白，他們這種憤恨的感覺是會使他們離棄佛陀的。

阿難陀又記得一個來自憍賞彌的調牛聚落村的女子，名叫摩剛提卡，便因為覺得佛陀沒有特別關懷她而懷恨在心。她是一個美豔的婆羅門，遇到佛陀時，佛陀已四十四歲。當時，摩剛提卡對佛陀一見傾心，一直想知道佛陀是否對她另眼相看。她想盡辦法引起佛陀的注意，但佛陀對待她只是如對待一般人一樣。長久下來，她對佛陀的愛慕轉而變成惱怒，後來她成為富薩的鬱提納王的妻子，便屢次利用她的權位來散播佛陀的謠言，更百般施壓，阻止佛陀舉行公開的法會。當鬱提納王的一個妃子三昧瓦提成為佛陀的在家弟子後，摩剛提卡便千方百計加害於她。遇到這種種的難題，阿難陀向佛陀建議離開憍賞彌，往較友善的地方弘法，但佛陀卻問他：「假如我們在別的地方也遇到同樣的羞辱和困難，又該怎麼辦呢？」

阿難陀回答：「再往別處去。」

佛陀不同意，「那是不對的，阿難陀，每次遇到困難，我們都不應該氣餒。我們應該在困難中把問題解決。阿難陀，如果我們實踐平等心，便不應被羞辱毀謗所困擾。羞辱毀謗我們的人，是傷害不了我們的，他們到頭來只會傷害他

們自己。當一個人向天上吐涎，上天不會爲之氣結，涎沫也只會落回到吐涎的人的臉上。」

　　阿難陀對舍利弗應付當下情況的能力毫不擔心，佛陀信賴舍利弗也是理所當然的，他實際上是僧團裡的一位賢能長者。在領導僧團方面，佛陀也要借助他的深思遠見。他同時也是幾部經的著述者，其中包括《象跡喻經》。在這部經裡，舍利弗以他的修行證量，用十分創新的角度來講說四大元素與五蘊的關係。

　　佛陀進入講堂時，眾比丘都起立，他示意他們坐下，然後自己才坐下來。佛陀囑咐舍利弗坐在他旁邊的一張椅子上，然後對他說：「一名比丘指控你把他推倒在地上而又沒有道歉，你有什麼話要說嗎？」

　　舍利弗尊者合上雙掌站起來，他先向佛陀鞠躬，繼而向僧眾作禮，他說：「世尊，一個不修行、不觀照身內之體、又不留意自己行爲的僧人，是會把同修推倒在地上而又不道歉的。

　　「世尊，我仍記得您十四年前對羅睺羅的教導，那時他只有十八歲。您教他觀照地、水、火、風以培養他的慈、悲、喜、捨四無量心。雖然您當時的教誨是對羅睺羅而說的，但我也同時學習到了。過去的十四年裡，我都努力遵照這些教導，而內心對您無限感激。

　　「世尊，我修習要更似『地』。地寬而廣，有容量去接受

和應變，無論別人把清香純潔如鮮花、香水、或乳汁等物放在地上，或將骯髒臭穢如屎、尿、血、黏液和痰涎等倒在地上，大地都會平等地接受，不執不厭。

「世尊，我曾靜思觀想我的身心以期能更像大地。一個不觀照身內之體、不留意體行的僧人，是真的會把同修推倒，不道歉便離去的，但這不是我的行徑。

「世尊，我修習要更似『水』。無論我們把芬香或穢臭之物扔到水裡，水都會一樣接受，無執無厭。水是深廣而又川流不息的，有變化潔淨的功能。尊敬的佛陀，我曾靜思觀想以使身心更似水，一個不去觀照身內之體，不留心自己體行的僧人，是會把同修推倒，不道歉便離去的，但這不是我的行徑。

「世尊，我修習要更似『火』。火能化燒萬物，無論是美的或是不潔的，它都全無執著和厭棄，火能燃燒與淨化。尊敬的佛陀，我曾靜思觀想以使身心更像火，一個不觀照身內之體，不留心體行的僧人，是會把同修推倒，不道歉便離去的，但這不是我的行徑。

「世尊，我修習要更似『風』。風可以載送好與壞的種種氣味，全無執著或厭棄。風能改變、清淨和散播。尊敬的佛陀，我曾靜思觀想以使身心更像風，一個不觀照身內之體，不留意自己體行的僧人，是會把同修推倒，不道歉便離去的，但這不是我的行徑。

「世尊，就像一個賤民的小孩，身穿破衣、手持破缽在街上乞食那樣，我專意修習不持驕傲之心，我試圖把自己的心變作一個賤民的小童之心。我也修習謙卑心，不敢將自己放在別人之上。尊敬的佛陀，一個不觀照身內之體，又不留意自己體行的僧人，是會把同修推倒，不道歉便離去的，但這不是我的行徑。」

舍利弗尊者本想繼續說下去，但指控他的那名比丘已經忍不住了，他站起來，把僧袍的一角拉上來披在肩上，向佛陀鞠躬。合上雙掌，他向佛陀承認：「佛陀世尊，我違犯了戒條，我對舍利弗的作供是假的。在您和僧眾面前，我現在自懺過失，更誓願永遠不再犯戒。」

佛陀說道：「也難得你肯在大家面前認錯，我們都原諒你吧！」

舍利弗尊者合掌說道：「我不會對這位兄弟有任何埋怨，更想藉此機會請求他原諒我以往對他的冒犯之處。」

那位比丘合掌對舍利弗鞠躬致禮，舍利弗也同樣回禮，整個講堂都洋溢著喜悅。阿難陀尊者站起來，說道：「舍利弗師兄，請在這裡多留幾天，各位兄弟都希望能有多一點時間和你在一起。」

舍利弗尊者微笑答允。

現在雨季已過，佛陀便前往郊區的鄉村裡。一天，他在為伽摩那族人講道，很多聽眾都是年輕人。他們對沙門喬答

摩聞名已久，但今天才有機會第一次親見其人。

一個青年合掌問道：「導師，以往曾有不少婆羅門的教士到這裡來說教，每一位教士都說自己的這派學說勝於他人的，讓我們覺得非常混亂，真的不知道應該追隨哪一條道路。到頭來，我們對全部都失去了信心。我們聽說您是已開悟的大師，可否告訴我們應該相信哪一套說法呢？誰說的是真理，誰說的又是假道呢？」

佛陀答道：「我明白你為什麼會有那麼多的疑慮。朋友，無論那些教理是很多人重複過的，或是記載在聖典上的，又或是出自人人敬重的導師口中的，你們都不要輕易相信。只要接納那些合乎道理、有賢德者支持，兼能在修行中帶來幸福與裨益的教理。放棄那些不合乎道理、沒有賢德者支持，而又不能在修行中帶給你幸福與裨益的教理。」

伽摩那族人請佛陀為他們多說一點，他便再說：「朋友，假設有一個完全被貪、瞋、癡所奴役的人，他的貪、瞋、癡會給他帶來快樂還是苦惱呢？」

眾人回答：「大師，貪、瞋、癡會讓那人的行為帶給他自己和身邊的人很多痛苦。」

「貪、瞋、癡的生活，是賢人智者所支持的嗎？」

「不會的，大師。」

佛陀又說：「又假設有一個依慈、悲、喜、捨而生活的人。他為別人拔苦以使別人快樂，為別人的幸運而高興，又

會以平等心待人，捨棄執著，這種生活素質會爲他們帶來痛苦還是快樂？」

「大師，這種生活當然是會爲他自己和身邊的人帶來歡樂了。」

「慈、悲、喜、捨會是賢人智者所鼓勵並支持的嗎？」

「當然了，大師。」

「我的朋友，你們現在已夠資格辨別什麼才是應該接受的東西了。只要相信並接受那些合乎道理、賢智支持，並爲你及他人帶來裨益和快樂的，一切與此原則相違背的，都要摒棄。」

這些伽摩那族的青年，都從佛陀的話語中得到很多勉勵。他們覺得佛陀之道，不要求別人無條件地信奉，佛陀之道是眞正尊重思想自由的。當天，有好一些伽摩那族人都請求成爲佛陀的門徒。

8

一直到海裡

　　沿途上，佛陀在阿拉毘村落停下來，和八名比丘在一處公眾樓舍內，與一些當地居民一起接受供食。用飯之後，正當佛陀準備開始說法時，一個年老的農夫喘著氣走進禮堂，他遲到的原因，是在尋找一隻走失的水牛。佛陀看得出這農夫整天都沒有吃過東西，便叫人為這老人準備一點咖哩飯，待他吃完後才開始法會。很多人都對此感到不耐煩，不明白為何要因為一個人而耽誤佛陀的開示。

　　農夫吃過飯後，佛陀便說：「敬愛的朋友，我剛才如果讓老農夫餓著肚子聽法，他一定不能集中，那就很可惜了，因為沒有什麼比飢餓更難受的。飢餓摧殘我們的體膚，又使我們無法安穩快樂，我們時刻都不要忘記那些飢餓的人。不

吃一餐已經不是滋味了，更何況是幾天又或幾個星期。我們必定要確保這世上再也沒有被迫捱餓的情況。」

阿拉毘之後，佛陀沿著恆河朝西北往憍賞彌去。途中，他停下來觀察一塊浮木被水沖向下游的情形。指著那浮木，他呼喚比丘，說道：「比丘們！如果那浮木沒有被河岸阻頓下來、沒有下沉、沒有遇到沙洲、沒有被拾起來、沒有墮入渦流或從內部枯爛，它便可以一直流入海裡。這與你們在修行道上一樣，如果你們不被河岸阻頓下來、不下沉、不遇到沙洲、不被拾起來、不墮入渦流或從內部枯爛，你們也肯定能達到覺悟解脫的大海。」

比丘說：「世尊，請您詳細申述一下，被河岸阻頓、下沉、又或遇到沙洲是什麼意思呢？」

佛陀答道：「被河岸阻頓，就是被六根六塵所糾纏，如果你們精進修行，便不會為六根六塵互相接觸所產生的感受而受纏縛了。下沉的意思，就是成了欲念和貪求的奴隸，它們會剝奪你應該用在修行上的精力。為沙洲所阻礙，就是為了私欲而憂慮，永遠只顧追逐名利而忘卻了要以覺悟為目標。被人拾起來的意思，就是讓自己迷失在散亂之中，與損友虛渡時光而不事修行。墮入渦流，就是為五欲所困，五欲就是財、色、名、食、睡。從內部枯爛的意思，就是過著虛偽的生活，欺騙僧伽而同時以佛法來滿足自己的欲望。

「比丘們，如果你們精進修行而不墮入這六個陷阱，必

能證得覺悟之果,如那片浮木般,可以毫無障礙地直流入海裡。」

佛陀在說這些話時,一個路過的牧童也停下來細聽。他名叫難陀,他被佛陀所說的話感動得立刻走過來,請求佛陀收他為徒。他說:「導師,我很希望能夠像這些兄弟一樣,成為比丘。我想追隨精神之道,我答應一定會全意學道,也會避免被河岸阻頓、下沉、被沙洲障礙、被人拾起來、墮入渦流,又或從內部枯爛。請您接納我為你的門徒。」

佛陀很喜歡這個少年明亮的面容,他知道他雖然一定不曾上學念書,卻是個勤奮能幹的小伙子。佛陀點頭以示同意,並問他說:「你多大年紀?」

難陀回答:「大師,我十六歲。」

「你的父母在世嗎?」

「不在,大師,他們都死了。我沒有其他親人,只為一個富人牧牛,以獲得棲身之所。」

佛陀又問:「你可以一日只吃一餐嗎?」

「我已經有很長一段時間都這麼做了。」

佛陀說:「以正規來說,你應該要等到二十歲才可以加入僧團的。一般人未到二十歲,是不夠成熟去適應出家生活的。但你很特別,這次我就讓僧團破例吧!你就以沙彌的學僧身分來修行四年,再正式受具足戒。回去你雇主那裡把水牛放下,並徵得他的同意讓你離開吧,我們在這裡等你。」

少年回答道：「大師，我想沒這個需要了，這些水牛都非常聰明，不用我帶領，自行就可以回到牛房去的。」

佛陀說：「不，你一定要自己帶水牛回去，並向你主人請辭。」

「但我回來找不到你們怎麼辦？」

佛陀微笑，「別擔心，我答應你，我們會在這裡等你。」

難陀把水牛帶回牛房時，佛陀對縛悉底說：「縛悉底，我將這少年交給你照顧，我相信你一定會很清楚怎樣帶領並支持他的。」

縛悉底合掌微笑。縛悉底尊者現在已三十九歲了，他知道佛陀為何要他指導難陀。很久以前，佛陀宣講《看顧水牛經》，都是因為認識了當時像難陀一般，也是個牧童的縛悉底。在修行道上，縛悉底知道自己可以好好帶領難陀，他也知道自己的好朋友羅睺羅尊者，也會從旁協助他，羅睺羅現在三十六歲。

縛悉底的弟妹都已成家立業，有了自己的家庭，他們從前住的茅屋，早已不在了。縛悉底回憶起一次與羅睺羅回優樓頻螺造訪的情形。那是在盧培克婚後移居他鄉的時候，那時芭娜和媲摩仍相依為命，以賣餅食維生。縛悉底和羅睺羅兩比丘步行至尼連禪河，縛悉底一直沒有忘記他給羅睺羅的承諾，要讓他一嚐騎在水牛背上的滋味，他向在岸邊牧著水牛的小童呼喚，請他們幫忙把羅睺羅扛到牛背上去。起

羅睺羅將衲衣脫下，交給縛悉底，然後騎到水牛背上。

初，羅睺羅有點猶豫，但接著他便脫下僧袍交給縛悉底，羅
睺羅被這巨型動物的溫馴所感動。他與縛悉底分享了騎在牛
背那逍遙的感覺，又告訴縛悉底，他很想知道佛陀看見他這
個樣子時的反應。縛悉底微笑，他知道如果當初羅睺羅留在
迦毗羅衛繼承王位，必定會錯失了這次騎水牛的滋味。

　　縛悉底的心神回到眼前這一刻時，剛好難陀也回來了。
那天晚上，他為難陀剃髮，又指導他怎樣在穿袍、持缽、
行、立、坐、臥時，都要做個專注的比丘。難陀為人成熟勤
懇，縛悉底很樂意教導他。

　　縛悉底回想起幾年前，有十七個青年加入竹林的僧團。
最年長的一個才十七歲，名叫優婆離，而年紀最小的，只有
十二歲，他們全都來自富有人家。最初，是優婆離請求他父
母讓他出家成為比丘的，他的父母批准後，他的十六個好朋
友便相繼要求自己的父母讓他們也成為比丘。加入僧團後，
他們便要依照僧律，每天午前一食。第一晚，最年輕的幾個
男孩餓得哭了起來，當佛陀早上起來，詢問為何前一夜聽到
小孩的哭聲時，才知道有比丘納了這些小童加入僧團。佛陀
說：「從現在開始，我們只能接納二十歲或以上的人加入僧
團，我們不能期望小童能過沒有家庭的僧團生活。」

　　那些男孩雖然可以留下來，但佛陀讓十五歲及以下的小
孩多吃一餐，他們後來全都成為正式比丘。縛悉底突然想
起，當時年紀最小的一個，現在都已經二十歲了。

9

生死輪轉

　　一天，佛陀在善來山的鞞沙伽羅園林坐著時，對眾比丘說：「比丘們，我想為你們講說真正偉大者的八種覺證。阿耨樓陀尊者也曾講說過這些覺證的內容，它們是大智者體證的真理，將有助於一般人對治顛倒昏沉，使他們轉迷為悟。

　　「第一所覺證的，就是一切世法的無常與無自性。觀照世法無常和無自我之性，你們便可以解除苦惱，達至開悟、平和與喜悅。

　　「第二所覺證的，就是愈多的欲念會產生愈多的苦惱。世間的一切罪苦，都是來自貪欲。

　　「第三所覺證的，就是少欲簡樸的生活，才會導致平和、喜悅與安寧。在簡單的生活中，才會有時間集中於大道

的修行和幫助別人。

「第四所覺證的，就是只有努力精進，才可達至覺悟。怠惰與沉迷欲樂之中，都是修行的大障礙。

「第五所覺證的，就是無明乃了無止境的生死輪轉之起因。你們要謹記時刻多聞、多學，以增長你們對一切事物的真正瞭解，並發揮你們的辯才。

「第六所覺證的，就是貧窮會導致憤恨，因而引起循環性的惡念邪行。在廣行布施的時候，行大道者應以平等心對待所有的人，無論是朋友、敵人、過去曾犯錯或目前造成傷害的人。

「第七所覺證的，就是雖然我們有住世的任務去教導、幫助他人，但也絕不可以為世務所纏縛。出家的修行人，只得三衣一缽，他們應該過簡樸的生活，以慈悲視眾生。

「第八所覺證的，就是我們不只是為自己開悟而修行，而是要全然貢獻自己於帶領他人走入覺悟之門。

「比丘們，這就是『八大人覺』，真正偉大者的八種覺證。所有真正偉大的人，都因為這些覺證而達至徹悟。無論在哪裡，他們都會以這些體證來作育他人，拓展別人的視野，使人人都找到導致解脫覺悟之道。」

佛陀回到王舍城的竹林精舍後，便獲悉薄伽梨比丘病重的消息，並知道他很想見佛陀最後一面。薄伽梨比丘的侍從前來謁見佛陀，他向佛陀三鞠躬後說道：「世尊，我的師父

病重，現在寄住在一位做陶瓷工藝的在家弟子家中。他吩咐我前來代他向您頂禮。」

佛陀對阿難陀說：「我們立即前去探視薄伽梨比丘。」

薄伽梨比丘見到佛陀走進他的房間時，竭力想坐起來。

「不用了，薄伽梨。」佛陀說道，「不要坐起來，阿難陀和我會坐在床邊的這兩張椅子上。」

與阿難陀坐下後，佛陀說：「薄伽梨，我希望你能夠恢復體力，減少痛苦。」

「世尊，我的體力正迅速減弱，而因為疼痛加劇，我實在感到很辛苦。」

「那麼，我希望你沒有擔憂悔疚的苦惱。」

「世尊，我是有擔憂悔疚的苦惱的。」

「我希望你的悔疚不是因為曾犯戒律所致。」

「不是，世尊，我一向都嚴持戒律，心中無疚。」

「那你擔憂和後悔的是什麼？」

「我悔疚的，是我久病以來，未能親往探視世尊您。」

佛陀用微帶責備的語氣說道：「薄伽梨，不要擔心這些了。你活了無疚的一生，這就已經是我們師徒間最難能可貴的了，你以為要見到我的面容才是見佛嗎？這外在的身體是不重要的，最重要的是我所教導的法理。你見到佛所教導的，就是見到佛，如果你單是見到我這個身體而不見我所教導的，那便完全沒有價值了。」

　　佛陀靜默了一會，問道：「薄伽梨，你明白我和你的身體，都是同樣的無常不實嗎？」

　　「世尊，我能很清楚地體會到這一點，身體不斷在生、死和變化，我也明白感受也是虛幻無常的，不斷在生、死和變化。認知、意志和意識也都依循生死的規律，全都不是永恆的。今天您來訪之前，我曾觀想五蘊的無常體性。我見到生命的五條川流——色（物質）、受（感受）、想（認知）、行（意志）、識（意識），全都沒有獨立的自性。」

　　「好極了，薄伽梨！我對你很有信心。五蘊內的一切，都無有自性。張開眼睛看清楚，哪裡沒有薄伽梨？什麼不是薄伽梨？生命的美妙，到處皆是。薄伽梨，生與死都再也不能碰觸到你了。對四大元素假合而成的身體，一笑置之；對你體內起伏的疼痛，也只需一笑置之。」

　　薄伽梨微笑，眼裡閃著淚光。佛陀站起來離開。佛陀和阿難陀離開之後，薄伽梨請他的朋友把他連人帶床扛到仙人山上去。他說：「像我這樣的人，怎能在房間裡死去？我要在遼闊的天空下的山邊辭世。」

　　他的朋友於是把他抬上了仙人山。那夜，佛陀禪坐至深夜，剛天亮，他便告訴幾個經過他房子的比丘說：「前去探訪薄伽梨比丘，叫他不要害怕，他將會很安詳無悔地入滅。告訴他要安心，我對他很有信心。」

　　當比丘們找到在仙人山的薄伽梨比丘時，便把佛陀的訊

息傳遞給他，這時，薄伽梨說：「朋友，請你們把我從床上移到地上去。我怎麼可以在高床上聆聽佛陀的話語呢？」

他們照他所要求的去做，再重複一遍佛陀所說的，薄伽梨合掌說道：「兄弟們，回到精舍時，請你們代我向佛陀三鞠躬，並告訴他薄伽梨比丘已不久人世，又受著嚴重的疼痛。告訴他薄伽梨清楚見到五蘊的無常和無自性。薄伽梨已不再受五蘊所縛，臨終時，薄伽梨已釋放了所有的恐懼和憂惱了。」

比丘們說：「師兄，放心吧，我們回去時，會代你向佛陀三鞠躬並轉告你的遺言的。」

比丘們剛離開，薄伽梨比丘便入滅了。

那天下午，佛陀與數名比丘爬上仙人山上。藍天沒有一點雲，只見一縷輕煙從山下的一間房子裡緩緩地圈卷上升，在空氣中飄蕩了一會，便消散得了無痕跡了。望著廣闊無垠的天際，佛陀說道：「薄伽梨已得到解脫了，再也沒有妄想心魔可以擾亂他了。」

佛陀繼續他的行程，前往那爛陀和毘舍離。一天，在大樹林的大林精舍裡，佛陀對比丘們說：「作為眾生之一，人類多少都必定要受苦。不過，那些虔於學習和修行正法的人，會比其他人少受很多的苦。這是因為他們具有深刻瞭解的智慧——這也就是他們修行的果實。」

當天非常悶熱，佛陀和比丘都坐在美麗的娑羅樹蔭下，

他用手撿起一小撮泥土，捏在他的姆指和食指之間，問道：
「比丘們，如果我們將這泥土與伽耶山相比，哪一樣較大？」

「當然是伽耶大得多了，世尊。」

「正是如此啊，比丘們。那些因修習正法而生慧的人，所受的苦比起那些沉淪於無明的人所受的苦，實在少得太多了，無明把痛苦擴大了億倍。

「比丘們，又譬如一個被箭射中的人，他會感到疼痛，但如果他被第二支箭射在同一個位置上，他的疼痛將會是雙倍的嚴重。如果他又被第三支箭射中同一位置，他要受的疼痛就更加嚴重得超出千倍了。比丘們，無明就是第二支和第三支箭，它會加深痛楚。

「一個行者由於能深刻瞭解，便可以防止自己和他人的痛苦加深。當不安的肉體或精神感受生起時，智者並不會擔憂、埋怨、飲泣、搥胸、扯髮、折磨自己的身心或暈倒。他會平靜地觀察他的感受，而很清楚地知道這只是一種感受而已。他知道他並不是那感受本身，而且更不是受制於這種感受的。這樣，痛苦便不能纏縛他，當他有痛苦的感覺時，他知道那痛苦感覺的存在，但他沒有失去他的平和鎮定，沒有擔憂、沒有畏懼、更沒有怨言，因此，他的痛苦便只是肉體上的，而不能擴散並扼殺他的整體。

「比丘們，你們要精進修行甚深的覺察，以產生慧果，脫離痛苦。那時生、老、病、死便再也不會使你們苦惱了。

「一個比丘要去世的時候，應該投入於觀照身、受、心、法之中。他身體的每一個姿勢和行動，都應該在專念之中完成，就連他的感受，也應該投於專念。那比丘應該觀照身體感受的無常性和互依性，以使自己不會再被身體和任何好壞的感受所束縛。

「如果他需要氣力來抵受痛苦，他應該這麼觀想：『這是一種需要我全部氣力來抵受的痛苦，這痛苦並不就是我。我不是這痛苦，我沒有被這痛苦控制。我此刻的身體和感受，就像一盞油盡心枯的燈，快將熄滅。燈的光，只是因緣而現、因緣而滅，我不被緣所困。』如果一個僧人這樣觀修，平和解脫便會現前。」

初雨的來臨，使炎夏的熱氣頓消，佛陀回到祇園精舍結夏安居。他再次對比丘和比丘尼講說緣起之法，一個比丘起來問道：「世尊，你說心識是色相的根本。那麼，是否表示所有世法都是由心識而生的呢？」

佛陀答道：「是的，形相只是心識的客體對象。主體與客體是心識的一體兩面，沒有客體，就不可能有心識。心識與心識的客體，是互依而存的。就因為心識的主客兩體具有不可分割的關係，它們便可說是從心所生的了。」

「世尊，如果色相是由心識所生，那麼心識不也就是宇宙的來源？有沒有可能知道心識或心是從何而來的？它起自何時？我們可否說心是有開始的呢？」

「比丘們，始與終都只是心所構造的概念，其實，並沒有真正的始或終。只有當我們被困於無明之中時，才會產生始與終的念頭。人就是因為被困於無明，才會墮於生死輪轉之中。」

「如果生死輪轉無始無終，我們又如何跳出生死呢？」

「生和死也都只是由無明所生的概念，超越了『生死』和『始終』的概念，便是超越了這個無止境的輪轉。比丘們，我今天要說的就這麼多了。謹記修習深入觀察萬物萬象，我們日後再來探討這個問題。」

10

非滿非空

　　法會之後，縛悉底尊者留意到大部分的僧眾都沉默不語，他也覺得自己沒有掌握到佛陀所說的要領，打算在法理研討會的時候，再細心聆聽長者們的意見。

　　接下來的一次法會，阿難陀尊者被推薦代表僧眾提出一些問題，他第一個問題就是：「世尊，『世間』和『世法』的意思是什麼？」

　　佛陀說：「阿難陀，世間（loka）是所有會變化和散滅的東西之總稱。一切世法都存在於十八界——六根、六塵和六識之內。你們都知道六種根本的感官，就是眼、耳、鼻、舌、身、意。六種感官的外塵對象，就是色相、聲音、香臭、甜苦等味、觸碰之感和心生之對象。六種因為根塵相接

觸而產生的意識，就是看見、聽聞、嗅覺、味覺、觸覺和心想意識。十八界之外，便沒有世法。十八界之內的，全都落於生死、變化和散滅的範疇之中。因此，我說『世間』是這些會變化、散滅的物象的總稱。」

阿難陀再問：「世尊，您常說一切法皆空，又是什麼意思？」

佛陀說：「阿難陀，我說一切法皆空的意思，就是因為一切世法皆無自性。六根、六塵或六識，都絕無個別獨立的自體。」

阿難陀說：「世尊，您曾說過解脫之三門是『緣起性空』、『無相無作』、『無願無求』。您又說過一切法皆空，那麼，是否因為一切法也落於變化、散滅，故而說它是空？」

「阿難陀，我時常都講『空』與『觀空』。觀空是可以幫助人超越生死的一種禪修妙用。今天，我會多講一些觀空。

「阿難陀，我們現在全坐在講堂裡。這裡面沒有市集、水牛或村落。我們可以說，講堂內是空掉（無）不在這裡的東西，但卻有在這裡面的東西。換句話說，這講堂沒有市集、水牛和村落，但有比丘。你同意我的說法嗎？」

「同意，世尊。」

「法會之後，我們將會離開講堂，而比丘便不再在這裡了，那時候，講堂就會空掉（無）市集、水牛、村落和比

丘，你同意嗎？」

「同意，世尊。那時，講堂內將空掉（無）剛才所說的東西。」

「阿難陀，滿的意思，指一些東西滿了；而空的意思，是指一些東西空了。『滿』與『空』兩字，本身沒有獨立的意思。」

「世尊，請您再詳細解釋。」

「你們仔細想想──空，是空掉（無）一些東西，就如空無市集、水牛、村落和比丘。我們不能說『空』是獨立存在的。『滿』也是一樣的道理，滿，永遠都指滿是（有）一些東西，如滿是市集、水牛、村落和比丘，『滿』也不能獨立存在。目前，我們可以說講堂是空無市集、水牛和村落。正如一切法，當我們說一切法皆滿，它們滿是什麼東西呢？如果我們說一切法皆空，又是空無什麼東西呢？

「比丘們，世法的空，意指空無恆常與不變的自性，這就是一切法皆空的意思。你們知道一切法都落於變化、散滅之中，因此，它們便沒有獨立個別的體性。比丘們，『空』的意思，是『空無自性』。

「比丘們，五蘊之中，沒有任何一蘊是具有恆常不變之性的。色、受、想、行、識，全部都沒有自性，也就是沒有恆常不變之性。有自性，必須具備恆常不變之性。去觀想，以見到恆常不變之性的不存在，便是觀空。」

阿難陀說：「一切法無我體自性，這點我是明白的。但是世尊，世法其實存在嗎？」

佛陀悄悄地看著他前面一張小桌子上面放著的一碗水，他指著那碗水，問阿難陀說：「阿難陀，你會說這碗裡是滿還是空？」

「世尊，這碗裡滿是水。」

「阿難陀，把這碗拿到外面，把水全倒掉。」

阿難陀尊者依照佛陀的指示去做，回來時，把空碗放回桌上。佛陀拿起碗來，把它倒了過來，他問道：「阿難陀，現在這碗是滿還是空？」

「世尊，現在不滿了。它現在是空的。」

「阿難陀，你是否肯定這碗是空的？」

「肯定了，世尊，我肯定這碗是空的了。」

「阿難陀，這個碗已不再充滿水，但它卻裝滿了空氣。你已經又忘記了！『空』指空無什麼，『滿』指滿是什麼。現在的情形是，碗裡是空無水，但滿是空氣。」

「我現在明白了。」

「很好，阿難陀，這碗可以是空或是滿。但當然，是空是滿，都要先有這個碗啊。沒有碗，便也不會有空或滿。這講堂也一樣，要說它是空是滿，首先就要有那講堂的存在。」

「啊！」比丘們都突然齊聲低歎。

阿難陀尊者合掌說道：「世尊，那麼，世法確實是有的，法是真實的。」

佛陀微笑，「阿難陀，不要被字眼作弄了。如果世法是空無自性的現象，它們的存在，便不是一般所感知到的存在了。它們的存在，仍然存著『空』的含意。」

阿難陀合掌說：「請世尊再詳加解釋。」

「阿難陀，我們已經說過空和滿的碗，也說過了空和滿的講堂，我又約略談過空義，讓我多談一些『滿』。

「雖然我們剛才都同意桌上的碗是空無一滴水，但如果我們看得深入一點，會發覺這並不全然是真的。」

佛陀把碗拿在手中，望著阿難陀，「阿難陀，在形成這個碗的錯縱複雜的元素中，你見到水的存在了嗎？」

「我見到了，世尊。沒有水，陶匠便無法搓揉陶土來做成碗。」

「正是，阿難陀。雖然我們曾說碗是空的，但再往更深一層看，我們可以看到碗裡其實有水的存在。碗的存在，是有賴水的存在。阿難陀，你也能見到碗裡有火的存在嗎？」

「可以，世尊。製造碗的過程，是需要火來完成的。看深入一點，我就會見到火和熱力的存在。」

「你還見到什麼？」

「我見到空氣。沒有空氣，火便無法燃燒，而且陶匠也無法生存。我見到陶匠那技藝純熟的一雙手，我見到他的意

識，我見到燒陶瓷的窯，和窯裡堆著的柴薪，我見到那些做成木柴的樹，我見到讓樹木生長的雨水、陽光和泥土。世尊，我可以見到讓這碗產生的千萬相互交錯的元素。」

「好極了，阿難陀！觀想這碗，便可以見到導致它存在的所有互依的元素。阿難陀，這些元素，存在於碗內和碗外，你的覺察，也是其中一個元素之一。假如你把熱力回歸太陽、把陶土回歸大地、把水回歸河裡、把陶匠回歸他的父母處，又把柴木回歸森林，那碗還會存在嗎？」

「世尊，那碗便無法再存在了。如果你把所有的元素都回歸它們的本源，碗是不能再存在的。」

「阿難陀，觀照緣起之法，我們便知道碗是不能獨立存在的。它只能與其他一切法互依而存。一切法都是互相依賴以生死存亡。一法的存在，代表著所有法的存在；一切法的存在，代表著一法的存在。阿難陀，這就是『互即互入』的原理。

「阿難陀，『互入』的意思，是『此中有彼，彼中有此』。例如，我們看見碗時，可以見到陶匠，看見陶匠時，又可以見到碗。『互即』的意思，是『此即彼，彼即此』。例如，浪就是水，而水也就是浪。阿難陀，講堂裡目前沒有市集、水牛或村落，但這只是從一個角度而言。實際上，沒有市集、水牛和村落，這講堂也不會存在。因此，阿難陀，當你望著這空無一物的講堂時，你也應該可以見到市集、水

牛和村落的存在。沒有『此』，便沒有『彼』。『空』
（sunnata）的眞義，就是『此是因彼是』。

比丘們都在全然的靜默中聆聽著，佛陀的話語，讓他們
留下了很深刻的印象。過了一會兒，佛陀又再度拿起那空
碗，說道：「比丘們，這碗並不能獨立存在。它在這裡，是
有賴所有其他非碗的存在物，如泥土、水、火、空氣、陶匠
等。一切世法也是如此，每一法都與其他法相互依存。一切
法的存在，都是依循著互即互入的原理。

「比丘們，仔細深入看這個碗，你們便可以見到整個宇
宙，這碗裡含藏著整個宇宙。只有一樣東西是這碗所空缺
的，那就是個別獨立的自性。個別獨立的自性又是什麼呢？
它是全不倚靠其他因素而可以獨立存在的自體。沒有一法是
不倚靠其他法而存在的，沒有一法具有獨立的自體。這就是
『空』的義理，『空』是指『自性空』。

「比丘們，人的基本元素是五蘊。色相不含藏自體，因
爲色相不能獨立存在。色相之內，有受、想、行、識。感受
也是同樣的道理，感受沒有自體，因爲它不能獨自存在。感
受中有色、想、行、識。其他三蘊，也是同一原理，沒有一
蘊是具有個別自體的。五蘊互依互存，因此，五蘊皆空。

「比丘們，六根、六塵和六識也全都是空。每一根、
塵、識，都有賴其他的根、塵、識才能存在。沒有一根、一
塵、一識不是沒有獨立個別的自性的。

「比丘們，讓我重複一遍以使你們易於記憶。此是，故彼是。一切世法都是互依而存，因此，一切法皆空。『空』之義，是指空無獨立的自性和個體。」

阿難陀尊者說：「世尊，一些婆羅門的學者和其他教團的首領，曾揚言沙門喬答摩是教導斷滅論的。他們都說您誤導人們否定生命的一切，他們對您的誤會，是不是因為您說萬法皆空呢？」

佛陀答道：「阿難陀，婆羅門的學者與其他教團的領袖都說錯了，我從沒有教導過斷滅之論，也從沒有教導人否定生命。阿難陀，邪見之中，有兩種見解最易使人陷入纏網，那就是『存在』和『非存在』的見解。前者認定萬物都具有恆常獨立的自性，後者認定所有的一切都是幻象，如果你們偏信其一，都是沒有見到實相真理。

「阿難陀，有一次伽遮耶納比丘問我：『世尊，什麼是邪見？什麼是正見？』我告訴他，邪見就是陷於存在或非存在任何一邊的見解。當我們見到實相的真性，便不會被這些見解所纏縛。一個有正見的人，會明白萬法生滅的程序，因此，不會再被存在或不存在的念頭所困擾。當苦惱生起時，有正見的人會知道苦惱在生起，苦惱消退時，他也知道苦惱在散滅。萬法的起滅，都不會困擾一個有正見的人。恆常與虛幻這兩種邪見都是極端的，緣起之法超越了這兩種極端，落於中道。

「阿難陀，存在與非存在都是不合乎實相的概念。實相超越了這些概念的領域，而超越了存在與非存在概念的人，才是覺者。

「阿難陀，不單是存在與非存在是空，生與死也是空。它們都只是概念而已。」

阿難陀尊者問道：「世尊，如果生死都是空，那您又為何常說世法無常，不停在生滅？」

「阿難陀，在相對的意義上，我們才說世法不停在生滅，但若從絕對的角度來看，一切法性當然就是無生滅了。」

「請世尊您詳細解釋。」

「阿難陀，就拿你種在講堂前的菩提樹做例子吧，它何時出生的？」

「世尊，它是在四年前，種子發芽的那一剎那出生的。」

「阿難陀，在那一刻之前，菩提樹存在嗎？」

「不，世尊，在那之前，菩提樹並不存在。」

「那你的意思是說菩提樹從無而生？有任何的『法』是可以從無而生的嗎？」

阿難陀默然不語。

佛陀繼續說：「阿難陀，宇宙裡沒有一法是從無而生的。沒有種子，就不會有菩提樹，菩提樹的存在，必須要有它的種子。樹就是種子的延續，在種子未生根之前，菩提樹

已經存在於種子之內。法已存在，又何需出生？菩提樹的本性本來無生。」

佛陀問阿難陀：「種子生根入土之後，種子是否死去？」

「是，世尊，種子死去以能生樹。」

「阿難陀，種子沒有死去。死的意思，是從『存在』進入『不存在』。宇宙中哪有一法會從『存在』進入『不存在』的呢？一片樹葉、一粒微塵、一絲燒香的煙──沒有一樣是會由『存在』進入『不存在』的，這些法都只是轉化為另一些法罷了。那菩提種子也是一樣，種子沒有死，只是轉化為樹。種子和樹，都無生無死。阿難陀，那種子和樹、你、我、比丘、講堂、一片樹葉、一粒微塵、一絲燒香的煙──全都無生無死。

「阿難陀，一切法都無生無死，生與死都只是心識的概念。一切法都非空非滿、非成非壞、非垢非淨、非增非減、非來非去、非一非多，所有的這些都只是概念。觀照萬法的空性，我們才可以超越所有分別的概念，而體證萬物的真性。

「阿難陀，萬物的真性，就是非滿非空、非生非死、非聚非散。也就是基於這種本質，才生起了世間的生與死、滿與空、聚與散。如果不是這樣，又怎能出離生死、滿空和聚散呢？

「阿難陀,你是否曾站在海邊,看著海面上此起彼落的浪潮?『無生』與『無死』就如那海水,生與死就如同波浪。阿難陀,波浪有長浪與短浪、高浪與低浪,波浪起伏,但海水依然。沒有海水,就沒有波浪。波浪回歸海水。水是浪,浪是水。雖然波浪升起後又成過去,但如果它們明白自己是水,便可以超越生死的概念。那時,它們便不會再擔憂、懼怕或因生死而苦惱了。

「比丘們,觀照一切法的空性是很奇妙的,它能使你們從恐懼、憂慮和苦惱中解脫出來,它能幫助你們超越生死的世界,你們應全然投入於這種觀照的修行中。」

佛陀說完了。

縛悉底尊者從沒有聽佛陀說過比這個更深奧的,佛陀的大弟子們,眼裡都散發著光彩。縛悉底覺得他明白佛陀所說的話,但卻未能深得其法要奧義。他知道阿難陀將會在幾天之後,重複今天法會的全部內容。到時,他便有機會聽到大弟子們研討佛陀所說的法理,而從旁學習了。

11

四座山

一天清早，目犍連尊者滿眼淚光前來見佛陀，佛陀問他發生了什麼事時，目犍連答道：「世尊，我昨夜禪修的時候，念頭一直離不開我母親。我觀想自己對她的感情，知道自己年幼時曾令她悲傷過，但這並不是我現在感到痛苦的原因。我的痛苦，是因為自責在母親生前或臨終時，都幫不了她的忙。世尊，我母親的罪業深重，她生前做惡的業力肯定令她不斷地受苦。我在禪定中看見母親瘦如餓鬼，蹲在一處陰暗污穢的地方，我見她身邊有一碗飯，便拿起來給她吃，可是，飯送到她的嘴邊時，卻突然變成了燒紅的炭，只見她痛苦喊叫，全吐了出來。世尊，這個畫面一直在我的腦海裡，我真的不知道應該如何替她消滅罪業，幫助她從這些痛

苦中解脫出來。」

佛陀問道：「她在世的時候做了哪些罪行？」

目犍連答道：「世尊，她沒有尊重生命。她的工作是需要殺很多牲禽的，她又不行正語，說話往往令別人非常難堪。她就像是把活樹鋤起，種植枯樹的人一般，我也不敢再計算她的罪行了。我只知道她五戒全都犯了，世尊，我願代受任何的痛苦，只希望能使我母親的罪業轉過來。世尊，求求您大慈大悲，告訴我應該怎麼辦。」

佛陀說：「目犍連，你對母親的孝心很令我感動。父母對我們的恩德，如天高海闊般深厚，爲人兒女的，時刻都不應該忘記此恩此德。在沒有佛和聖賢在世之時，父母就象徵著佛與聖賢。目犍連，你已曾在你母親生前盡力事孝，你對她的關懷，在她死後亦仍不間斷。這足以表示你對她的愛和孝心是何等的深切，看到你這樣，我也非常安慰。

「目犍連，兒女對父母最大的孝敬，莫過於過著賢良幸福的一生，這就是對父母最好的回報，因爲，如此便達成了他們對兒女的期望。目犍連，你已經過著這樣的生活了，你那平和喜悅、賢良幸福的生活，是大家爭相效法的模範。你曾幫助他人尋得大道，將你一生的功德迴向給你的母親吧！這樣，她的罪業便能有所改變。

「目犍連，至於你應該如何幫助母親，我有個提議。在安居最後一天的自恣日，你可以請僧眾一起做一個轉化罪業

的儀式，以誦經的功德迴向給你的母親。僧團裡有很多定力深厚、德高望重的比丘，他們和你的誦經力量加起來，必定對超度你母親有很大的功效。希望你母親的惡業可以因而消減，讓她有機會得入正法之道。

「我相信僧團裡必定有其他人和你有同樣的情況，我們應該為所有人的父母安排這個法事。去和舍利弗商討，在自恣日舉行這個儀式吧，好讓年輕人有機會報答他們在世或已過世的父母親和先人。

「目犍連，很多人都只在父母過世之後才懂得感恩，有父母健在，其實是最大的幸福。雙親是子女快樂的泉源，兒女應該珍惜父母在世的時候，盡量去瞭解他們並讓他們快樂。但無論父母仍在世或已過世，出自愛心的行動都能為他們帶來快樂或功德。幫助窮困殘弱者、探訪孤獨者、赦免囚犯、將屠房的禽畜放生、植樹等，都是可以轉化現狀並帶給父母快樂的慈悲之行。在自恣日，我們要鼓勵大家致力於這些善舉。」

目犍連感到很安慰，向佛陀鞠躬頂禮。

當天下午行禪後，佛陀在精舍大門遇見波斯匿王，正當他們互相作禮之際，七個耆那教的苦行頭陀路過該地，他們是不穿衣衫，修習苦行的，就連鬚髮和指甲也不剃剪。大王看見他們，便上前說道：「賢德的出家人，我是波斯匿王，憍薩羅的大王。」波斯匿王對他們鞠躬了兩次，才又回到佛

陀身邊。他們離開後，大王便問佛陀：「世尊，依您看，剛才的苦行者中，有沒有已證得『阿羅漢』果位的呢？又或他們其中，有沒有接近證得這等果位的呢？」

佛陀回答道：「陛下，您過著君王的生活，可能比較熟識政界的人，因此，你當然認為自己無法看出修行人有何成就了，但事實卻是，誰也很難在只見過一、兩次面的情況下，便看出那人是否已開悟。要知道一個人修行的程度，必須與他共同生活，細察他在不同環境下的反應，和與別人交談的情況，才能瞭解他的智慧、德行和果行的程度。」

大王很明白，他說：「世尊，這就像我派遣探子到別處偵查一樣，他們喬裝得沒有人認得出來，即使他們回到宮中，我也看不出他們是誰，除非他們把所有的化裝洗掉。對的，我很同意您的說法。認識一個人不夠深刻的時候，是無法瞭解他的智慧、德行和果行的高低的。」

佛陀邀請大王與他一起走回他的房舍，到達之後，佛陀請阿難陀擺放兩張椅子讓他們坐下。

大王對佛陀吐露心聲：「世尊，我已經七十歲了，希望能多花一點時間在精神修學上。我認為自己應比以前多行禪、多坐禪，可是，宮中的事務實在太費時吃力了，有時我來到您的法會時，已經累得無法把眼睛張開。我感到很慚愧，世尊，我也同時犯了暴食的過失。有一天，我吃了太多才前來精舍，使我非常渴睡，我還以為到外面散步行禪會讓

我清醒過來，哪知我愈加想睡。您與我走在同一條路徑，我也完全沒察覺，以致於把您撞個正著，您還記得嗎？」

佛陀笑起來，「當然記得啦，陛下，你就是要少吃啊！如此便會使你的頭腦和身體都輕快一些，而且對你在處理國家大事和修行上都有裨益。你或許應該請摩利王后和跋吉梨公主為你打點每天的飯食啊，她們可以讓你少一點吃，而仍然維持營養上的均衡。」

大王合掌禮謝佛陀的建議。

佛陀繼續說：「多花一點時間去照顧身體健康與精神上的修行是應該的，你這一生，已經沒有剩下太多時間了，陛下，假如你的親信通知你，有一座高山從東面移來，沿路上壓死了每一樣生物，正當你開始憂慮時，另一個部屬又告訴你，有一座高山從西面移來，沿路上也是壓毀了所有的東西。南北兩面也傳來同樣的消息，四座山都同時迫近都城，你知道無法逃避這次的浩劫了，又沒有方法制止那幾座山移來。陛下，你會怎麼辦呢？」

大王考慮了一會兒，說道：「世尊，我相信我只能做一件事，那就是依循正法，以最有意義和平靜的方式度過剩下的時間。」

佛陀稱讚大王，「對了，陛下！那四座山，就是生、老、病、死。老和死已經迫近我們，而我們是不能逃避的。」

大王合掌說道：「世尊，當我記起死亡迫近，便明白應該在剩下來的日子裡，好好依教奉行，過著平靜、專注和有利他人及後世的生活了。」

大王起來向佛陀鞠躬後，便請辭離開。

那個雨季，很多婆羅門和各教團的信徒，都聚集在舍衛城，他們在區內舉辦講座、演說和論壇等活動，並邀請了很多城裡的居民參加。論壇上，不同的教派都有機會發表他們的教理，佛陀的幾個在家弟子也參與了這些論壇。結束後，他們便告訴佛陀和比丘他們的所見所聞，所有想得到的形而上學問題都被提出來討論，而每個辯論者都認為自己教派的理論最正確。論壇開始時，氣氛雖然非常融洽，但最後結束時，便變成互相大聲喝罵。

於是佛陀便告訴他們一個寓言故事：

「從前，有一位聰明的帝王請了幾位天生盲眼的人到王宮裡來，帶他們去觸摸一隻大象，並要他們形容大象的模樣。那個撫摸象腿的盲人，認為大象就像房屋的支柱；觸摸大象尾巴的，認為大象有如毛掃帚；觸摸大象耳朵的，便說大象似個籮箕；摸到大象肚子的那個盲人，則說大象如大桶；撫摸頭部的，就說大象似個大缸；而觸摸到象牙的那一個，則說大象如一根棍棒。當他們坐下來研究時，都各持己見，因而演變成一場劇烈的爭論。

「比丘們，你們的所見所聞，都只是片面的真相，如果

你們以爲這就是全部的實相，便會下一個扭曲的結論。一個修行人，應該抱著謙卑和開明的心態，要自知對事物未有全面的瞭解，我們要不停努力深入學習，才會有進步。一個大道上的行者一定要明白，執持自己的見解是絕對的眞理，才是妨礙我們證得眞理的絆腳石。要在大道上有進展，其中兩個必要的條件，就是謙卑與開明的胸懷。」

12

——

海洋詩人

雨季安居之後，許多僧人都與佛陀道別，前往各地弘法。佛陀的一個最受尊重而且很能幹的比丘，補納尊者，告訴佛陀說他有意回到家鄉弘揚正法。他來自東海一座叫輸盧那的海島。

佛陀說：「我聽說你的家鄉大部分的地區仍非常落後，當地的居民也很橫蠻暴力。我真不知道你是否應該到那兒弘法。」

補納尊者答道：「世尊，正因為那裡的人仍野蠻落後，我才需要到那兒弘法，我可以教導他們慈悲與非暴力之道，我相信我會成功的。」

「補納，如果他們對你喝罵詛咒，你會怎麼辦？」

「尊敬的佛陀，那不算什麼，他們還沒有向我擲石頭和垃圾。」

「但如果他們真的向你投擲石頭、垃圾呢？」

「尊敬的佛陀，那仍不算是什麼，他們還沒有用棍棒打我。」

「如果他們真的用棍棒打你又如何？」

補納尊者大笑，「我仍會覺得他們很溫和，他們還沒有殺我啊！」

「補納，如果他們真的要殺你又怎麼辦？」

「我認為這發生的機會很低，世尊，果真如此，我也會視此為有意義的犧牲，因為我的死，將會是帶著慈悲與和平訊息的身教。每個人都要死，為大道而死，我絕不後悔。」

佛陀讚歎道：「補納，你真了不起！你有足夠的條件和勇氣到輸盧那弘法。其實，我問你這些問題，都只是讓在旁的比丘從中學習的。我對你的才幹和你一向不事暴力的精神，絕無疑問。」

補納尊者從前是個商人，與他的姐夫一起跟舍衛城的商人做輸盧那的貨品貿易。他們當時是以船和牛車來運送貨品的。一天，當他正在等著一批船運的貨物抵達舍衛城的時候，補納看見一隊比丘在乞食，他馬上被比丘的祥和儀容所攝，便決定前往祇園精舍聽佛陀說法。法會之後，補納已不想再當商人，而想當比丘了。他把所有的貨品和金錢都送給

了他的姐夫，隨即加入了僧團，受戒為比丘。他在修行上的
進展良好，很快便成了一位能幹的導師。他在憍薩羅和摩揭
陀一帶弘法已久，比丘們對他這次回鄉宣道，都有十足的信
心。

第二年春天，佛陀東回，在毘舍離和瞻波停留，沿著河
岸而行，一直抵達海岸的地帶說法。一天，他正站在海邊
時，阿難陀對他說道：「世尊，聽到潮水的聲音和望著起伏
的海浪，細觀自己的呼吸以投入當下這一刻。我頓時感到身
心圓滿自在，海洋真使我有煥然一新的感覺。」佛陀點頭。

另一天，比丘們停下來與一個漁夫談話，阿難陀尊者問
他對海洋的感覺。那漁夫魁梧俊朗，膚色被陽光曬得如古銅
一般，他告訴阿難陀說：「海洋有很多方面，我都十分喜
愛。首先，是海岸那微斜的沙灘，使我們能輕易將船艇和漁
網拖進水裡。第二，就是海洋永遠都留在同一位置，使我們
不用擔心找不到它。第三，海洋永不會吞沒死屍，它一定把
屍體沖回岸上。第四，所有的河流——恆河、耶牟那河、阿
夷羅跋提河、薩羅河、牟那河——全都流入大海裡，把自己
的名字和身分，都拋諸腦後，而海洋也全部接納它們。第
五，雖然河流不停地流入海裡，但海洋的水位卻仍然保持不
變。第六，海水永遠都是鹹的。第七，海洋裡有美麗的珊
瑚、玳瑁和寶石。第八，海洋是無數生物的收容所，滋長著
大如數百尺的動物，以及細如針眼或塵埃的微生物。尊者，

我相信您現在知道我有多麼喜愛海洋了。」

阿難陀羨慕地望著那漁夫，雖然他只是個純樸的漁夫，但他說話竟像個詩人。阿難陀轉過來對佛陀說：「這人對海洋的讚美，的確是一流的口才！他愛海洋，就如我愛覺悟之道一樣，我們現在可以多聽聞一點法教嗎？」

佛陀微笑著，指向一堆大石頭，他說：「讓我們在那兒坐下，然後我便為你們講說覺悟之道的特色吧！」

比丘們和漁夫一起隨著佛陀走，大家都坐下之後，佛陀便說：「這裡的兄弟為我們形容過海洋的八樣奇妙的特徵，現在讓我來宣說正道的八樣同樣奇妙的特徵吧！第一，正法就像海岸邊的沙灘，讓漁夫易於拖拉船艇。法理中，每個人都可以由淺而深，循序漸進地跟著層次進展。正法的寬廣，可以容納不同根性的人。不論你是老或幼，受過教育或隻字不懂，每個人都可以找到不同的法門去適應各自的需要。

「第二，正如海洋永遠住於一處，法理也永不變遷。戒律已很明確地傳授了，正法就住於所有守持戒律的行者中，正法是不會失傳或被取代的。

「第三，就如海洋不會留著屍體不放，正法也不會容忍無明、怠惰和毀戒。不是真正修行的人，都會被淘汰出來的。

「第四，正如海洋平等接納所有的川流，正法也平等接納所有階級的人。又如河流放下它們的身分名字，加入僧團

的人也都放下他們的階級、家族和地位，來當比丘。

「第五，正如海水的水位不變，無論正法有多少追隨者，它依然一樣，沒有增減。正法並不是數目可以衡量的。

「第六，正如海水永遠是鹹的，雖然正法的教化門徑和修行方式包羅萬象，但它的法味始終如一，那就是解脫之味。假如它所教導的不能導致解脫，那便不是正法。

「第七，正如海洋含藏有珊瑚、玳瑁和珍寶，正法含藏著無比尊貴奇珍的教理，如四聖諦、四正勤、五蘊、五力、七覺支和八正道等。

「第八，正如海洋提供眾多大小生物一個滋長的處所，正法也接受眾生的皈依，不論他們是沒有受過教育的小童或是偉大的菩薩。在正法的無數弟子中，就有很多人已證得了『入流』、『一返』、『不還』，或『阿羅漢』果位的。

「如海洋一般，正法是靈感的來源，無量的寶庫。」

阿難陀尊者合上雙掌，望著佛陀說：「世尊，您是一位精神上的大導師，同時也是一個詩人。」

13

三妙門

　　離開海岸地帶後，佛陀前往巴連弗城和毘舍離，然後再朝著他的故鄉前進。剛進入釋迦國的三摩伽摩城，他便獲悉耆那教派的教主尼乾子去世的消息，並知道他的教團已分裂成水火不容的兩派。雙方除了彼此力斥對方誤解教理之外，更各自拉攏信眾，爭取支持，以增加勢力。他們的信徒也因而感到非常困擾，無所適從。

　　舍利弗的侍從，學僧周那，向阿難陀尊者詳細報告了這個情況，他對這次耆那教的糾紛十分清楚，因為他曾在尼乾子教化的波婆城地區居住過一段時間。阿難陀也將此情形轉告佛陀，並說：「世尊，我真的不願見到僧團在您入滅之後也四分五裂。」

　　佛陀拍拍阿難陀的肩膀，說道：「阿難陀，現在有比丘時常就教理的問題爭辯嗎？他們對四念處、四正勤、五蘊、七覺支和八正道等教理，有分歧的意見嗎？」

　　「沒有，我從沒有見過比丘在教理上爭執，但這可能是因爲您仍然健在，我們都依皈您的福德，聽從您的教誨，才能夠和平相處。但您走了之後，我們便可能在戒律、僧團的體制甚或弘法的方式上，都會有不同的意見了。這些分歧一旦演變爲衝突，很多同修信眾便會因此而動搖對大道的信心。」

　　佛陀安慰他，「阿難陀，你不用擔心。如果僧團內對四念處、四正勤、五蘊、七覺支和八正道等教理有所爭論，這才是眞正要擔心的事。否則，如戒行、僧團體制和弘法方式等枝節問題上的分歧，是不值得去憂慮的。」

　　雖經佛陀再三安撫，阿難陀的憂心仍無法止息。最近便有消息傳來，曾一度是佛陀侍者的蘇納卡特尊者，因爲對僧團不滿，已經在毘舍離離棄了僧團，目前正到處舉辦講座演說，旨在非議佛陀和僧團。他揚言沙門喬答摩只不過是個普通的人，並沒有特別深遠的見地。他說喬答摩只教導個人的解脫，對社會漠不關心。蘇納卡特正傳播著混亂的種子，舍利弗尊者都知道這個情況，並且與阿難陀分憂。

　　阿難陀也知道，王舍城的僧團也醞釀著不滿，在提婆達多尊者的領導下，幾個比丘正密謀組織一個新的僧團，脫離

佛陀的領導。好幾個能幹的比丘都與提婆達多勾結，包括瞿迦梨、迦留羅提舍、騫荼達婆和三聞達多等尊者。提婆達多是佛陀最有才幹的大弟子之一，舍利弗尊者時常都在人前讚美他，又待他如知己。對於提婆達多近來對佛陀變得異常嫉妒，阿難陀也感到百般的不解。他知道暫時還沒有人向佛陀透露這些消息，他恐怕在不久的將來，便要親自告訴佛陀這些壞消息。

翌年，佛陀回到舍衛城結夏安居，住在祇園精舍，而佛陀就是在這裡宣說《法印經》的。

「我今天要為你們講說妙理，請你們清除心裡的雜念，平和安穩地聽講、領受，並理解。

「比丘們，有一些法理的特徵，可以成為正法的印記。我所教導的法理，有三個法印。他們就是空、無相和無願無求。此三項特點也就是導致解脫的三門通道。因此，『三法印』又可稱為『三解脫門』。

「比丘們，第一法印是『空』。空並不是不存在的意思，而是指沒有東西可以獨立存在的意思。空是指空無獨立的自性個體，你們都知道，存在與非存在兩種信念都是有偏差的，一切法因緣而生。此是因彼是，此非因彼非；此生因彼生，此滅因彼滅。因此，空的體性就是互依。

「比丘們，觀察萬法的互依性，便能體會一切法都存在於彼此之內，以及一法之中就含藏著萬法之理。脫離一法，

便了無他法，觀照十八界的六根、六塵和六識，觀想五蘊的色、受、想、行、識，你們會發覺沒有一法一蘊是可以獨立存在的，它們全都互相依賴才得以存在。當你們見到一切法的空性時，便不會再追逐或逃避任何的法，這時你們便超越了對一切法的執著、分別和偏見。觀照空性，就如開啓了自由的第一扇門。『空』是第一解脱門。

「比丘們，第二法印是『無相』（animitta），『無相』就是要超越思想意識的分別。當人們不能體悟萬法的互依互緣和空性時，便會誤認世法是個別獨立存在的現象，他們以爲此與彼各不相關，獨立而存。這樣觀看世法，就如同用分別心的利劍，把實相斬成零散的碎片。這樣做，便無法看到實相的眞面目了。比丘們，一切法都是因緣而生、互依互存的。彼有此在，此存彼中，一法蘊藏一切法。這就是互即互入的意思了。此中有彼，彼中有此；此即是彼，彼即是此。如果你們如此觀想，便會發覺平常一般人的領會是充滿錯誤的了。思想意識的眼睛，不能如慧眼般看得如此清晰準確。思想意識之眼會誤當繩索爲毒蛇，有了慧眼的光亮，繩索的眞相便顯露無遺，蛇的影像也頓然消失了。

「比丘們，所有的心裡概念，如存在、不存在、生、死、一、多、起、滅、來、去、垢、淨、增、減等，都只是思想上的分別心所形成的。從無爲的絕對角度而言，實相的眞相不能只限於這些概念的範疇之內，因此，一切法都是無

相的。你們要這樣觀想，來破除所有有關存在、不存在、生、死、一、多、起、滅、來、去、垢、淨、增和減等念頭。這樣，你們才能獲得解脫。『無相』就是第二解脫門。

「比丘們，第三法印是『無願無求』（appanihita）。無願無求的意思，是不去追逐任何的事物。為什麼呢？一般人通常會盡量逃避一法，而又去追逐另一法。許多人都想逃離貧困，追逐富貴，修道者則會抗拒生死，以獲得解脫。但既然一切法都是互即互入的，那我們又怎麼可能捨此逐彼？生死之內有涅槃，涅槃之內有生死。生死與涅槃不是個別的實體，如果你們排斥生死，追逐涅槃，便是沒有掌握到萬法互依互緣之體性了。你們便是還沒有掌握到一切法的無相與空性。觀想『無願無求』才能徹底消除所有的追逐和逃避。

「解脫和覺悟不是存在於你們本身之外的，我們只需要張開眼睛，便可以看到我們本身就是解脫與覺悟。一切法和一切眾生，都潛藏著圓滿覺悟之性，不要向外尋找。如果你們用覺察之光來照亮自己，便會立刻體證覺悟。比丘們，世間的一切，包括涅槃與解脫，都是離不開你的心識而成立的，別再往別處尋找了。心識所產生的對象，是離不開心識而存的。不要再追逐任何的法，包括梵天、涅槃和解脫，這就是『無願無求』的意思。你們自己，就是你們要找的東西。『無願無求』這妙門，可以帶領你們達到自由，這就是第三解脫門。

「比丘們，這就是三法印和三解脫門的教理。三解脫門是至高無上的妙法，你們應全心全意依法修行。如果依教奉行，必能證得解脫。」

佛陀講經完畢，舍利弗尊者站立起來，向佛陀鞠躬頂禮，其他的比丘也跟著鞠躬，以表示對佛陀的謝意。舍利弗尊者向大家宣布，將會在翌日舉行一個專題研討會來研究佛陀這天所說的經教。他告訴僧眾這部經的深廣奧義，又囑咐他們要全力鑽研、理解和實行它。縛悉底尊者知道這部經與佛陀前一年所說的《空觀經》關係密切，也看到佛陀如何引導他的門徒由淺易進展至深奧的教理。縛悉底看著大弟子摩訶迦葉、舍利弗、補納和目犍連等歡欣的臉龐，他記得一年前佛陀講畢《空觀經》時，他們也跟著舍利弗尊者向佛陀鞠躬的情形，他體會到師徒之間的密切關係是何等重要。

第二天午後，夜墨盧和諦殊羅兩位尊者來到了佛陀的屋子，他們倆是婆羅門種姓的兄弟，以精通語言學和古典文學聞名於世，他們誦經時，聲音清若銀鈴、壯如銅鼓。向佛陀鞠躬作禮之後，佛陀請他們坐下。

夜墨盧尊者說道：「世尊，我們想與您商討有關弘法的語言問題。世尊，您通常都以摩揭陀語開示，而摩揭陀卻不是多數比丘的母語，更何況有很多地區的居民，都不懂摩揭陀語。因此，比丘們便要把教理翻譯成地方的方言。我們在受戒爲比丘之前，曾有幸研讀過許多不同的方言俚語，而發

覺到您高深教理的奧義，都受到很多地方語言的限制而未能清楚表達。我們希望獲得您的同意，用古文吠陀語來書寫您所有的教理。如此一來，比丘們便可以一致地都用一種語言說法，同時又可避免翻譯的錯漏。」

佛陀沉默了一會，然後說道：「你們的建議，是不會有益處的。正法是活的法，用來傳播正法的語言，應該是人們日常所應用的。我不希望教理用一種只有學者才明白的語言來傳播。夜墨盧和諦殊羅，我希望我所有的出家和在家弟子，都能以他們的母語修習正法，這樣，正法才能保持它的重要性和通達性。正法是要可以用於現世的，更要與地區性的文化融匯在一起。」

明白了佛陀的意願後，夜墨盧和諦殊羅尊者便向佛陀鞠躬請辭。

14

———

佛陀會到哪裡去？

　　一天風雨中，一位名叫鬱低耶的苦行者來造訪佛陀，阿難陀帶領他到佛陀的寮房，把他介紹給佛陀認識。鬱低耶坐下後，阿難陀便爲他送上一條毛巾，拭乾身上的雨水。

　　鬱低耶問佛陀道：「沙門喬答摩，究竟世界是永恆的，還是有一天會滅亡？」

　　佛陀微笑說：「鬱低耶頭陀，如果你允許的話，我不會回答你這個問題。」

　　鬱低耶又問：「世界是有限還是無限的？」

　　「我也不會回答這個問題。」

　　「那麼，身體和精神是一還是二？」

　　「這個問題，我也不會回答。」

「你死了之後，仍會繼續存在嗎？」

「這個問題，我亦不會回答。」

「也許你是認定了死後並非繼續存在或停止存在，對嗎？」

「鬱低耶頭陀，我是不會答這問題的。」

鬱低耶覺得莫名其妙，他說：「沙門喬答摩，你對我所問的問題，全不回答。那麼，有什麼問題是你會回答的呢？」

佛陀答道：「我只會回答那些能讓身心苦惱得以消除的修行問題。」

「你認為你的教化，可以拯救世上多少人？」

佛陀默然端坐，鬱低耶頭陀沒有再多問。

看到頭陀正在懷疑佛陀到底是真的不想回答他，還是不知道怎麼回答他，阿難陀對他有點同情，於是說道：「鬱低耶頭陀，或許以下的例子，會幫助你明白我師父的用意。試想像一個大王住在四面都有圍牆壕溝鞏固著的王宮裡，王宮只有一個進出口，而且又日夜都有巡邏守衛，陌生人是絕對不許入內的。守衛更不時在圍牆上檢查，確保牆上沒有任何縫隙可讓小動物穿過。大王在他的寶座上坐著，完全毋須理會有多少人進入王宮，他知道守衛是一定不會讓不速之客進來的，這個情形就像沙門喬答摩了。他不用理會有多少人追隨大道，只知道教導正法能幫助學道的人熄滅貪、瞋、癡，

而證得平和、喜悅和解脫。如果你問我的師父要怎麼做才能為自己的身心作主的問題，他一定會給你答覆的。」

鬱低耶頭陀明白阿難陀的比喻，但他實在被太多形而上學的問題困擾著，所以便沒有再發問了，他離開的時候，仍對這次與佛陀的見面不甚滿意。

數日後，另一個名叫瓦卡瞿他的苦行頭陀，也來造訪佛陀。他向佛陀提出的問題，也是與鬱低耶同性質的，其中一個問題就是：「沙門喬答摩，你可否告訴我，究竟有沒有『自性我體』？」

佛陀默然而坐，沒說一句話。接著問了幾個問題都全沒回應後，瓦卡瞿他便離開了，他離開之後，阿難陀尊者問佛陀：「世尊，您曾在法會中談過『無自性』的問題，為什麼您剛才不回答瓦卡瞿他有關『自性』的問題呢？」

佛陀答道：「阿難陀，我所教導的空無自性，是用來引導禪修的，並不可以當作一種學說理論。如果這樣看待它，便很容易糾纏其中。我常說教理只是用來渡河到對岸的木筏，又或是指向月光的手指，我們不應該被教理所縛住的。瓦卡瞿他頭陀想把我說的話當作學說來看待，但無論是關於『我』或『無我』，我都不想見他受困其中。如果我告訴他有個『我體』，那便與我所教導的互相違背，如果我告訴他沒有『我體』，而他卻執著此說，這也對他無益，因此，我認為不答他比答他要適當。讓人們以為我不懂得回答這些問

題，總比他們被困於邊見狹見為好。」

一天，阿㝹樓陀被一群苦行者攔著去路，他們要阿㝹樓陀回答他們的問題，才讓他通過。他們問道：「我們聽聞沙門喬答摩是個已經徹悟的大師，而且他的教理更是極之深奧。你是他的門徒，因此，我們要你回答這個問題——沙門喬答摩死後，他會繼續存在還是停止存在？」

他們要阿㝹樓陀從以下的四個答案中選擇一個：

沙門喬答摩死後，會繼續存在。

沙門喬答摩死後，會停止存在。

沙門喬答摩死後，會同時存在和不存在。

沙門喬答摩死後，不會繼續存在，也不會停止存在。

阿㝹樓陀比丘知道這其中沒有一個答案是與正法相符的，於是他保持緘默。他們想盡辦法，也無法使他選出一個答案來。最後，尊者說道：「我的朋友，以我的瞭解，這四個答案之中，沒有一個能準確地反映沙門喬答摩的正教。」

苦行者不禁大笑起來，其中一個說：「這個一定是新受戒的比丘，他根本就沒有能力回答我們的問題，也難怪他這樣推搪，我們放過他好了。」

數日後，阿㝹樓陀尊者向佛陀提出苦行者的問題，他說：「世尊，請您為我開示，好讓我日後再被問起同樣的問題時，能知道該怎樣應對。」

佛陀說：「阿㝹樓陀，從概念性的知識上，是找不到沙

門喬答摩的。沙門喬答摩在哪裡？阿耨樓陀，從物質肉體
（色）上，可以找到喬答摩嗎？」

「不能，世尊。」

「從感受（受）中，可以找到喬答摩嗎？」

「找不到，世尊。」

「從認知作用（想）、意志（行）和意識（識）上，可以
找到喬答摩嗎？」

「不可以，世尊。」

「那麼，阿耨樓陀，從物質之外，可以找到喬答摩嗎？」

「不可以，世尊。」

「在感受之外，可以找到喬答摩嗎？」

「不可以，世尊。」

在認知作用、意志和意識之外，可以找到喬答摩嗎？」

「不可以，世尊。」

佛陀望著阿耨樓陀，「那你從哪兒可以找到喬答摩？阿
耨樓陀，即使你現在正站在喬答摩面前，你也無法抓住他，
更何況在他死後！阿耨樓陀，喬答摩的本質，一如萬法的本
質，都是無法用概念性的知識來衡量，也無法在分別心所區
分出的類別中找到的。看待每一樣法，都要以它與其他法的
相互因緣關係為本。要領會喬答摩，必須從所有平常被當作
是『非喬答摩』的事物著眼，才能見到喬答摩的真貌。

「阿耨樓陀，如果你想見到蓮花的本質，必先從平常被

認為是『非蓮花』的東西裡見到蓮花。這些東西包括太陽、
池水、雲、泥土和熱力等。只有這樣，我們才能撕破狹見的
羅網，打破這分別心所形成的生、死、這裡、那裡、存在、
非存在、垢、淨、增、減等牢獄。要能見到喬答摩，也是同
樣的道理。那些苦行者的四個概念——存在、不存在、同時
存在和不存在、非存在非不存在，都是蜘蛛網中的蜘蛛網，
永遠都不能抓住實相這巨鳥的。

「阿㝹樓陀，實相並不是文字言語或概念知識所能表達
出來的，只有禪定所生的智慧，才能使我們認出實相的本
質。阿㝹樓陀，一個從未嚐過芒果的人，你是無法用言語來
表達芒果的真正滋味，讓他知道實際上是怎樣的。我們只有
從親身的體驗，才能掌握住真相。這也是為什麼我時常勸比
丘們不要在理論上浪費寶貴的時間，而應多實習洞察一切的
原因。

「阿㝹樓陀，一切法的本質，都是無為而如是呈現的，
也就是『如是』的，這是萬法之妙性。蓮花從『如是』而生
起，阿㝹樓陀從『如是』而起，喬答摩也從『如是』而生，
我們可以稱所有從『如是』生起者為『如來』，一切法從
『如是』生起，又將回歸何處？一切法都回歸到『如是』。回
歸到『如是』，也可稱為『如去』。其實，一切法都沒從哪兒
來或到哪兒去，因為它們的本性『如是』。阿㝹樓陀，『如
是』更正確的意思，應該是『無從來者』和『無所去者』。

阿耨樓陀，從現在開始，我將稱自己爲『如來』，我喜歡這個名詞，因爲它可以避免因分別而生起的字眼，譬如『我』或『我的』。」

阿耨樓陀微笑說道：「我們都知道我們全都從『如是』而生起，但我們會只讓您專用『如來』這個名號。每次當我們如此稱呼您的時候，便會提醒我們所有眾生都具有這無始無終的『如來』本性。」

佛陀也微笑，他說：「阿耨樓陀，這個『如來』很喜歡你這提議。」

阿難陀尊者當時也親聞佛陀與阿耨樓陀這番對話。他隨阿耨樓陀到屋外的時候，提議他應與其他的僧眾，在翌日的研討會上分享這天的話題，阿耨樓陀欣然答應，他說到時會以在舍衛城初遇苦行者的對話作爲開場白。

15

鵪鶉與白鷹

　　雖然縛悉底比丘從未被佛陀責備過，但他卻很清楚自己的不足之處，縛悉底在修行道上，仍有一大段的路要走，但他對降伏六根的精勤和意志，可能就是佛陀沒有對他多作批評的原因。每當有其他比丘或比丘尼被糾正的時候，縛悉底都會以他自己犯錯的心情去領受訓導。這樣的學習態度，對他在修行上有很多的助益。他尤其留意佛陀對羅睺羅的訓示，羅睺羅在修行上已有很大的進展，這也間接使縛悉底在修行上獲益匪淺。

　　一次，他們兩人坐在森林附近一處草坪上的時候，縛悉底對羅睺羅訴說，自己能成為佛陀的弟子，感到非常的幸運。他透露自己對俗世的生活已全無留戀，因為他已嚐到眞

正的平和、喜悅和自由。羅睺羅告誡他說：「你現在這感覺可能是真的，但別這麼容易自滿。修行最重要的，是要不停看守著自己的六根，作它們的主人。即使是佛陀的大弟子們，也從來不敢在這方面的修行上有半點鬆懈。」

羅睺羅告訴縛悉底關於一位才智過人，又有言語天分的懵祇沙比丘，他同時也是一個很有才華的詩人，曾作了幾首偈頌來讚美佛、法、僧，佛陀對他的詩偈也甚為欣賞。最初加入僧團的時候，懵祇沙是在舍衛城外依止尼拘律樹伽毘比丘的，尼拘律樹伽毘去世後，懵祇沙便前來祇園精舍。一天，他與阿難陀在外面乞食時，懵祇沙告訴阿難陀他心中很困擾，並希望阿難陀可以輔導他。原來，懵祇沙對幾位前來精舍供食的少婦，心裡起了非份之想。阿難陀很明白，像懵祇沙這樣的一個文人雅士，是很容易為美色所動的。於是，阿難陀刻意利用懵祇沙對美感的敏銳度，來引導他用美的角度去看待轉迷成悟的大道，使他不再執迷於障礙修行的短暫美麗。阿難陀教導他如何用覺察之光照亮所有法的空性與無常，懵祇沙依照阿難陀的指示去做，終於成了感官的主人。有感於這次的經驗，懵祇沙寫了一首僧眾日後都耳熟能詳的詩：

披上伽娑後，
我仍像水牛盼食般，

追逐欲望。
自覺慚愧！
大將之子，
擅於箭術，
竟能衝出，
千軍之重圍。
安住專念中，
就是美女當前，
也不會被征服。
我追隨的世尊，
如太陽之光。
在此道上寧靜漫步，
欲念全消。
成了自己感官的主人，
我平步前行。
雖遇無數障難，
卻動搖不得我的平穩。

由於懵衹沙天賦極高，才華洋溢，有時不免會貢高我
慢、漠視他人。幸而他勤修專念，所以能夠自知驕慢的生
起。針對這個主題，他也作了一首偈：

喬達摩的門徒，
降伏你們的傲慢！
恃驕之道，
只會導致苦惱。
掩藏我慢的人，
正步向地獄，
一如那個趾高氣揚的，
全無兩樣。
倒不如以平和的心，
尋找幸福。
修習專念，
實踐三學。
要得真成功，
必先降伏驕慢。

由於懵祇沙的徹視深察，他已因超越煩惱的障礙而有了
很大的轉變。舍利弗尊者也證明懵祇沙已證得「不還」的果
位。他開悟的那天，作了一首詩以表達對佛陀的感激：

沉醉少年夢，
我四處遊蕩，
穿越郊野和市井，

直至得遇佛陀！
以純粹的慈悲，
佛陀與我分享妙法。
信念甦醒，
我披上袈裟。
住於覺察中，
身心專注，
感恩覺者，
我才得證三學！
光明的種子，
世尊廣植四方。
眾生沉淪黑暗，
他為我們引見大道——
四聖諦、
八正道、
平和、喜悅與自在。
他的言教深奧，
一生無咎清高，
他巧導眾生解脫，
此恩此德難圖報！

在一次特別為年輕比丘舉行的教學課程中，舍利弗尊者

以懵祇沙比丘為例，他告訴學僧們，懵祇沙在修行的初期，遇到很多心境上的困擾。幸而他對修行的堅定，使他能克服這些境界，證得真慧。「因此，」舍利弗告訴這班年輕僧人，「千萬不要墮入任何心理不平衡的狀況之內，無論是自卑還是自大。如果修行正確的專念，你便能夠覺察到心內和身外的一切活動，便不易受困其中。學會怎樣把持六根，就是在大道上進展的至妙之法。」

聽著羅睺羅訴說懵祇沙的事蹟，縛悉底覺得自己似乎已經很熟悉懵祇沙了。雖然他曾與懵祇沙見過面，但卻沒有機會與他真正交談，他決定要找個機會與他多認識，因為他知道在懵祇沙的修行經驗中，有很多值得他學習的地方。

縛悉底還記得佛陀有一次曾用海洋來比喻把持六根的修行，佛陀說：「比丘們，你們的眼睛，就像潛藏著怪獸、旋渦和險流的深海。如果你們不循正念，你們的船隻便會被海怪、旋渦與急流襲擊、吞噬。同樣的，你們的耳、鼻、舌、身、意，也是危機四伏的。」

回憶起這些話，縛悉底對此的理解倍增，六根果真是如海洋般，隨時會有被暗潮淹沒的危機。羅睺羅的忠誥實在是值得聽從的——他真的不可以太自滿。佛陀教化的修行，最重要的，是持之以恆。

一天下午，坐在祇園精舍的屋外時，佛陀為一些較年輕的比丘說了個故事，提醒他們要把持六根，以免迷失於昏沉

惘亂之中。佛陀說：「一天，一隻白鷹低飛，迅速地用牠的利爪捉拿了一隻鵪鶉。白鷹再飛上高空時，小鵪鶉開始痛哭起來，埋怨自己沒有聽從父母之言，留在父母指明的安全地帶。牠自歎：『早知落得如此下場，我就聽從他們的話了。』」

「白鷹問道：『那麼，你的父母叫你這可憐蟲留在哪裡呢？』鵪鶉答道：『在那剛翻過泥土的新田。』」

「出乎鵪鶉的意料之外，那白鷹竟然說：『我隨時隨地都可以捉到任何一隻鵪鶉的，我就讓你回到那田裡多活一小時吧！一個鐘頭後，我就會再把你捉回來，捏緊你的小脖子，把你吃掉。』於是白鷹滑翔而下，在新田裡暫時釋放了鵪鶉。

「小鵪鶉也出人意表地，竟立刻爬到一堆剛掘起的泥土上，站在那裡挑釁白鷹。『嘿，白鷹，你為何要多等一個小時？為什麼不現在就來抓我？』」

「白鷹怒火上升，把雙翅貼緊身旁，直衝下田去。這時，鵪鶉在第一時間閃避，躲入了那堆泥土下面的凹坑。白鷹飛到那土堆時，利爪剛錯過了鵪鶉，更因衝力太猛，撞地而死了。

「比丘們，你們一定要時刻專注守著六根，作它們的主人。你們如果稍一不慎，離開正念，便會墮入魔道，危險重重了。」

　　僧團裡的一些誠懇而又天資聰敏的年輕比丘，令縛悉底感到非常受到鼓舞。一天，他和另一些比丘一起前往質多家裡應供。質多一向都潛心學佛，由於他有廣大的心量，人們對他的尊重和愛戴，如同敬重給孤獨長者。質多一向喜歡宴請高僧到他家裡，接受他的供養並研討法理。這天，他請了十位大弟子和兩位年輕的比丘，縛悉底和伊師提婆。供食完畢，質多向各僧人鞠躬作禮後，便請教比丘們說：「各位尊者，我曾聽過佛陀開示《梵網經》裡說的六十二種外道學說，又曾聽過其他教派的信徒提問有關生、死和靈魂的問題，如：世界是有限還是無限、短暫還是永久、身心是一還是二、如來死後是否繼續存在、他是否會同時存在也不存在，或非存在也非不存在。尊者們，這些玄密之論，實從何而生？」

　　雖然質多已再三提問，但沒有一個比丘敢對質多的問題作出回答。縛悉底開始覺得有點窘，耳朵漸紅，就在這時，伊師提婆打破沉默，他看著長者比丘問道：「尊敬的長者，我可以解答質多居士的問題嗎？」

　　他們答道：「比丘，你可依你自己的意思回答他的問題。」

　　伊師提婆轉過頭來，對質多說道：「善士，這些見解和問題，都是來自他們的我執妄見。只要他們擺脫了有獨立個體這個概念，便不會再被這些問題纏擾了。」

質多顯然覺得這個年輕比丘的答覆很不錯，他說：「尊者，請您解釋清楚一點。」

「一般沒有機會接觸正覺之道的人，都會以為自己就在身體之內，又或身體是在自己之中。同樣的，他們也以為感受與自體無異，感受存於自體之內，又或自體存於感受之中。這些人對認知、意志和意識，都抱持著同樣的見解，他們都被困於有個『我』的妄見之中。也就是因為這樣，他們才會落於那《梵網經》裡所說的六十二妄見，因而產生那些有限無限、短暫永恆、是一是二、存在不存在等疑問。質多居士，當你勤習修行，破了我執這個妄見的時候，便會發覺這些全都是毫無意義的問題了。」

愈說下去，質多愈發覺這年輕比丘回答得很精闢，他虔敬地問道：「尊者，請問您從哪裡來的？」

「我來自阿般提。」

「尊者，我也曾聽聞過一位從阿般提來的比丘，名叫伊師提婆。據說這位比丘很了不起，聰明能幹。可惜我只聞得其名，還沒有機會與他會面，您曾見過他嗎？」

「有，質多，我見過他。」

「尊者，那您可否告訴我這位年輕的天才僧人在哪裡？」

伊師提婆沒有回答。

其實，質多早就料到這位年輕比丘就是伊師提婆，於是他問道：「閣下是否就是伊師提婆比丘？」

「是的，大人。」伊師提婆答道。

質多高興極了，「這真是我莫大的榮幸！尊敬的伊師提婆尊者，我的芒果園和我的住所都設備齊全，是休憩的好地方，我希望您能時常來探望我們，我們會樂意供應您各種需要——如食物、衲衣、醫藥和住宿等。」

伊師提婆沒有作響，比丘們謝過質多後便離開了。之後，縛悉底聽說伊師提婆一直都沒有再回去探視質多。伊師提婆不求讚譽和美食，即使是得到一個如質多般有名望的人供養，他也完全不動心。雖然縛悉底再也沒有遇見過伊師提婆，但他為縛悉底留下的那個聰穎謙遜的比丘形象，已深深烙印在縛悉底的心裡。縛悉底發願要以伊師提婆為榜樣，更希望有機會路過阿般提的時候，能前去拜訪他。

縛悉底知道佛陀有多麼喜歡那些有決心、有智慧、關懷別人以及帶給人快樂的年輕比丘。佛陀曾表示，他全寄望這些年輕比丘傳承他的法教於後世。但縛悉底覺察到，無論對什麼年紀和根性的比丘，佛陀都一視同仁，盡心盡力教導他們。有一些比丘，是會遇到較多的問題的，其中有一個比丘，就曾經六次離去再回來，而佛陀仍然歡迎他，給他重新開始的機會。甚至是對那些連觀息十六法也不能牢記的比丘，佛陀也不厭其煩地繼續給予他們慈言與鼓勵。

祇園精舍有一位名叫跋達梨的比丘，佛陀雖然很清楚他的短處，但卻視如不見，好讓跋達梨有機會能自行改進。跋

達梨時常違犯一些僧規，例如，午食時，比丘應該留在座中至用食完畢，站起來作別的小差或添食，都是規律所不容許的，這規例叫「一坐食」。跋達梨一直都未能奉行此規，他的行為，令精舍裡的其他比丘非常不滿。佛陀曾多次教導他在每早起床時反問自己：「我今天要怎樣才能使同修們快樂？」但幾個月後，他仍全無改善。一些比丘開始受不了，便嚴厲地呵斥他。佛陀知道了之後，便在集會上對僧眾訓示。

他說：「比丘們，僧團裡固然會有一些有缺點的人，但他們的內心，始終都會保留著一點信念和愛心的種子的。如果我們不盡力去和他們溝通以求相互瞭解，幫助他們滋長這信念與愛心，這點僅存的種子，可能也就蕩然無存了。就如一個失去了一隻眼睛的人，他的家人和朋友，必定會盡力保護他剩下的那隻眼睛，以免他再遭不幸。因此，比丘們，對你們的同修兄弟要慈愛一點，才能保存他們信念與愛心的種子啊！」

縛悉底當時也在場聽著佛陀說這番話，而被佛陀的愛心所感動。他抬頭時，看見阿難陀在抹去臉上的淚痕，知道阿難陀也同樣地被感動。

雖然佛陀是如此地慈悲溫柔，但情況有需要的時候，他也有嚴謹的一面。一個連佛陀也幫不來的人，便當真是沒有希望了。一天，縛悉底親聞佛陀與一個名叫鬈設的馴馬師一

段有趣而動人的對話。

佛陀問鬐設：「你可否告訴我怎樣馴服馬匹？」

鬐設答道：「世尊，馬匹有不同的脾性。有些很溫馴，只需要數句溫婉的話便可以令牠自然馴服。另一些比較困難，但也只需剛柔並濟的方法。更有一些非常難馴的，對付這些馬的時候，只能用非常嚴厲的方法。」

佛陀笑問：「假如你遇到一匹馬，用三種方法也無效，那又如何？」

「世尊，在這種情況下，我只有把這匹馬殺掉了，如果我讓牠活下去，牠的壞脾氣是會感染其他馬匹的。世尊，我也很想知道您是如何訓練您的弟子的。」

佛陀淺笑。他說：「我也和你一樣。一些比丘只對溫和的態度有反應，另一些需要剛柔並濟地對待。也有一些，只會在嚴格的管束下才會有所進步。」

「您又如何處置那些任何方法都不管用的僧人呢？」

佛陀說：「我也和你一樣，會把他殺掉。」

馴馬師驚訝得目瞪口呆，「什麼？您會殺他？我以為您是反對殺戮的。」

佛陀解釋說：「我不是像你殺馬一樣殺我的門徒，當他對剛才說的三種方法都無動於衷的時候，我便不會讓他繼續留在僧團裡，我不會再接納他為弟子。這將會是極大的不幸，因為在僧團修習正法的機會是千載難逢的。失去了這個

機會，還不是像精神的扼殺嗎？這不單只是那人的不幸，也同時是我的不幸，因爲我對那人是非常關懷和愛護的，我會不停地期望，希望他有一天會再放開胸懷，回來與我們一起修行。」

很久以前，縛悉底曾聽過佛陀責罵並輔導羅睺羅，他也見過佛陀糾正一些其他的比丘，而他現在才明白佛陀責罵的背後，是深切的愛。雖然佛陀從未說明，但縛悉底是明白佛陀對他的愛護的，他只需看著佛陀的眼睛便知道了。

那天晚上，佛陀接待了一位訪客，阿難陀令縛悉底奉茶。這位客人是個氣宇軒昂、一派貴族儀容的武士，上路時背上揹著一把閃閃發光的寶劍。他在祇園精舍外面下馬時，便將寶劍插在馬鞍上，由舍利弗帶領他來到佛陀的屋子。他身材魁梧，步伐很大，而且目光炯炯有神，阿難陀告訴縛悉底，他的名字叫盧醯特沙。

縛悉底進來奉茶的時候，看見盧醯特沙和舍利弗坐在佛陀前面的矮凳上，阿難陀則站在佛陀後面。奉上茶後，縛悉底便站到阿難陀的身旁，也在佛陀背後。他們靜靜地喝茶，過了很久，盧醯特沙才說：「世尊，有沒有什麼世界是沒有生、老、病、死的？有沒有個世界的眾生是不會死亡的？用什麼旅行方法，才能離開這個有生死之地，到達那無生死的世界呢？」

佛陀答道：「沒有任何旅行方法，可以讓你離開此生死

的世界,無論你走得多快,就是比光速還要快,也是無法離開的。」

盧醯特沙合上雙掌,說道:「我知道您在說實話,我知道無論有多快速,其實沒有一種旅行方法,可以讓我們逃離這生死世界的。我記得我在過去的某一世,是個飛行得如箭一般快的人,一步便可以由東海跨過西海。我那時曾決意要跨出有生老病死的世界,去找尋一處不受生死煎熬的地方。我日飛萬里,不停地繼續飛行,完全沒有停下來吃喝或休息。我以這樣的速度飛行了一百年,依然找不到我的目的地,最後,我死在路上。世尊,您的話是千真萬確的!即使有超越光速的能力飛行,也沒有人能逃出生死。」

佛陀又說:「可是,我沒有說過一個人不能超越生死啊!仔細聽吧,盧醯特沙,你是可以超越這世間的生死的。我會告訴你這條道路,在你這六尺昂藏的身軀內,蘊涵著生死的種子,但在這同一個身軀內,你也可以找到超越生死的法門。盧醯特沙,觀想你的身體,將你的覺察力照耀到顯露在你高大軀體內的生死世界。一直觀照,直至你見到無常、空、無生、無死等一切法的實相,這時,生死的世界就會在你面前消失,而無生無死的世界就會自然顯現出來。這時,你便會從悲憂畏懼中釋放自己。你並不需要離開生死的世界,你只需要洞視你體性的深處。」

縛悉底看見舍利弗正聽著佛陀說話,眼裡閃耀著如星星

般的光芒，盧醯特沙的臉上也散發著無限的喜悅，縛悉底更是深受感動。誰又能測量佛陀的教理到底有多高超奧妙呢？它簡直就像一首動人心弦的樂章。這次，縛悉底又更清楚地明白，解脫之鑰，其實就在自己的手裡。

16

調絃的藝術

又是雨季安居結束的時候了，佛陀回到南方，沿途上，在鹿野苑停下來。三十六年前，佛陀就是在這裡第一次說法，講說四聖諦。雖然這就像是昨天的事，但一切都已經有了很大的改變。自佛陀初轉法輪以來，正法已被弘傳到整個恆河流域的國家，爲了紀念法輪在這兒初轉，居民們在當地建立了一座紀念塔，又建造了一所精舍讓比丘們在這裡修行。佛陀在這裡爲民衆說法，並給他們鼓勵之後，便起程前往伽耶。

路上，他又在優樓頻螺停下來，探視那古稀的菩提樹。奇怪的是，那老樹竟比從前更青蔥可愛。森林裡現在都遍布著小小的房舍，頻婆娑羅王也準備建塔紀念佛陀在此證悟。

佛陀又到村裡探訪村童，他們與往昔的小孩一樣天真活潑，昔日的牧童縛悉底，現在已是僧團裡一位備受敬重的四十七歲長者了。村童收割了一些樹上剛熟的木瓜供奉佛陀，村裡的每一個小孩，都懂得念誦三皈依文。

佛陀從伽耶再朝東北前行，往王舍城去，剛抵達都城，便直往靈鷲山。他在那兒遇見富樓那尊者，尊者向佛陀報告在輸盧那海島的弘法情形，他剛與數名比丘在那裡結束安居，海島上皈依佛、法、僧的居民，已超過五百以上。

接下來的幾天，佛陀前往拜訪當地的各個修道中心。一晚，正當佛陀在其中一所中心禪坐時，他聽到一個僧人誦經的聲音，他發覺那聲音裡帶有一點不安，好像那僧人很頹喪似的，佛陀知道這個僧人必定是在修行上遇到了困難。第二天早上，佛陀向阿難陀尊者詢問時，才知道那誦經的僧人就是蘇納。佛陀還記得幾年前在舍衛城與他相識的情形。

蘇納尊者是依止摩訶契吒納尊者為比丘的，跟著摩訶契吒納尊者在婆波特山上修習了幾年。蘇納是個年輕的富家子，生性聰穎、舉止優雅，但體質卻有點虛弱。因此，他當比丘之後，需要特別費力才能經得起居無定所、日食一餐的生活。雖然如此，他修行的意志卻始終沒有動搖，一年之後，他的導師便為他引見當時在舍衛城的佛陀。

那初次的會面，佛陀問蘇納說：「蘇納，你的身體好嗎？你在修行、乞食和弘法上，有沒有遇到問題？」

蘇納答道:「世尊,我很好,暫時還沒有遇到什麼困難。」

佛陀令阿難陀為蘇納打點一切,讓他在佛陀的房子度宿,於是阿難陀便把另一張床鋪,安放在房子裡。那夜,佛陀在房子外面禪坐,直至深夜三時。由於這個原因,蘇納便徹夜難眠,佛陀進來時,便這樣問他:「你還沒有睡嗎?」

「世尊,我還沒有睡。」

「你不累嗎?那你為何不朗誦一些已背熟了的偈頌?」

於是,蘇納尊者便高聲朗誦了《安般守意經》的十六首偈語。他的聲音清澈嘹亮,而且念得一字不漏,非常順暢,佛陀讚歎道:「你念得美極了!你受戒了多久?」

「世尊,我受戒剛超過一年,只試過一次安居罷了。」

那便是佛陀與蘇納的初次會面,現在,佛陀聽到蘇納的唱誦,便知道蘇納是過分用功了,他囑咐阿難陀陪他前去蘇納的寮房。看見佛陀,蘇納立刻起坐,上前頂禮。佛陀請蘇納和阿難陀都坐在他的身旁,然後便問蘇納:「你出家之前是個樂師,對嗎?你專功十六絃西塔琴的彈奏,是嗎?」

「是的,世尊。」

佛陀又問蘇納:「如果你在絃線很鬆時彈那西塔琴,效果是如何?」

蘇納答道:「世尊,琴絃太鬆,西塔琴是會走音的。」

「那麼,琴絃太緊又會怎樣?」

「世尊，琴絃太緊的話，會很容易斷。」

「如果絃線剛好，不太鬆也不太緊，那又會如何？」

「世尊，假如琴絃的鬆緊恰到好處，西塔琴便會奏出美妙的音樂來。」

「正是如此，蘇納！如果一個人怠惰懶散，他在修行上必定無所成就。但如果一個人過分用功，他也會心疲力竭，難以振作的。蘇納，你要量力而為，不用壓迫身心至其極限。這樣的修行，才會證得道果。」

蘇納尊者站起來向佛陀鞠躬，表示感謝佛陀對他的瞭解和提示。

一天下午，戌博迦醫師來拜訪佛陀，佛陀正好從竹林回來，於是戌博迦便問佛陀可否與他一起走上靈鷲山。看佛陀爬著石階，戌博迦心裡充滿仰慕，七十二歲的佛陀，仍是那麼體強力壯。他輕鬆地緩步而行，一手持缽，一手提著一邊的衲衣。阿難陀尊者也以同樣的姿態而行，當戌博迦說要替佛陀持缽時，佛陀微笑著把缽交給他，說道：「你可知道，『如來』已經持著缽爬了這個山不下數百次了，一向都沒有問題的。」

這盤旋著山邊而上的精雕石階，是戌博迦的父親頻婆娑羅王所供建的。爬完最後的幾級，佛陀便邀請戌博迦在他房子外面的大石上坐下，戌博迦詢問佛陀的健康狀況和旅途的情形，接著，他先看了看阿難陀尊者，又看著佛陀，然後用

沉重的語氣說道：「世尊，我覺得我應該讓您知道這裡的情
形，僧團裡發生的事，對政局是有直接影響的。因此，我認
為您應該知道發生的所有事情。」

　　醫師告訴佛陀，提婆達多尊者想取代佛陀在僧團裡的地
位，已經是個很明顯的事實。在僧團以及上層的當權派中，
提婆達多都已經有了不少的支持者，瞿迦梨便是他的謀士。
他又得到迦留羅提舍、騫荼達婆和三聞達多幾位比丘的支
持，他們全都有不少學僧在他們的領導之下。提婆達多尊者
本身才智兼備、口才一流，很多比丘都非常尊敬他。雖然他
沒有正面作出對佛陀和大弟子的敵視宣言，但他卻時常對人
提及佛陀的高齡，質疑佛陀繼續領導僧團的能力。他更曾經
暗示佛陀的教導方法落伍，再也不適合時下的年輕人，提婆
達多深得幾位富者門徒的支持，而戍博迦就更不明白，為何
阿闍世王太子要特別擁護提婆達多。頻婆娑羅王如何地尊敬
佛陀，阿闍世王太子就如何地尊敬提婆達多。太子為提婆達
多在伽耶山上建了一座修道中心，就在佛陀昔日為迦葉兄弟
和他們的一千門徒宣講《火經》的地點。太子每幾天便會親
自送食物到這裡來作供，因此，那些希望討好太子的商人和
政客，便都前來這裡參加法會和作供。提婆達多的勢力已逐
漸增長，目前已有三至四百名比丘表明願意支持他。

　　戍博迦看著佛陀，低聲說道：「世尊，我並不覺得剛才
告訴您的事有什麼好擔心的，但有一件事，卻是真正使我憂

慮的——我聽說阿闍世王太子已開始對自己不能執政感到很不耐煩了,他覺得父親已獨權太久,一如提婆達多想要您傳衣鉢給他一樣的沒耐性。以我所知,提婆達多更提供了很多壞主意給太子。世尊,這些都是我上次回宮替他們檢查身體時所得到的印象。萬一頻婆娑羅王遭到厄運,您和您的僧團都難免會遭受牽連的。世尊,請您小心為要啊!」

佛陀答道:「戌博迦,我非常感謝你為『如來』所做的詳細報告,知道目前的狀況,確實很重要。別擔心,萬一不幸有此情況出現,我一定不會讓僧團受到連累的。」

戌博迦向佛陀鞠躬後,便回到山下去。佛陀叮囑阿難陀不要對別人透露這天戌博迦所說的話。

十日後,佛陀在竹林為三千弟子說法,頻婆娑羅王也在座上聽講。佛陀教導證果所需要的「五力」,它們就是信力、精進力、念力、定力和慧力。

佛陀剛說法完畢,還未來得及有時間給人提問,提婆達多已站了起來,向佛陀頂禮。他說:「世尊,您的年紀已經老邁,健康大不如前,應該過一些平淡的生活,以安享晚年。世尊,對您而言,領導僧團的責任太重了,請您退休吧!我願意為眾比丘服務,當他們的領袖。」

佛陀看著提婆達多,他答道:「提婆達多,很感謝你對我的關心,不過,『如來』的身體仍然健康,還有足夠的體力去帶領僧伽。」

　　提婆達多轉過身來，面對群眾，那三百名比丘立刻站起來，合上雙掌。提婆達多再對佛陀說：「還有很多比丘也同意我所說的，世尊，請您不用擔心，我是有能力領導僧伽的。就讓我來替您釋下重擔吧！」

　　佛陀說：「夠了，提婆達多，不要再多說。僧團裡雖然有好幾位比你能幹的大弟子，但我仍沒有請他們任何一人接班為僧團的領袖，那麼我又怎會把這位子讓給你呢？你還沒有資格去帶領群僧的。」

　　提婆達多尊者自覺當眾被羞辱，他面紅耳赤，滿臉怒容地坐了下來。

　　翌日在靈鷲山上，阿難陀對佛陀傾訴：「世尊，我對兄長提婆達多的行為，感到非常痛心。我擔心他會因為當眾被羞辱而對您報復，我也擔心僧團會從此分裂，如果您批准的話，我想私下與提婆達多談談，希望給他一點勸告。」

　　佛陀說：「阿難陀，我昨天這樣嚴厲地對待提婆達多，是要讓大家清楚地知道，他不是我心目中要傳衣缽的人。他現在要如何對付我，全是他一人要擔當的事。阿難陀，如果你認為與他談談會使他平靜下來，你便去試試吧！」

　　數日後，戍博迦再次來拜訪佛陀，他告訴佛陀，提婆達多正計畫讓僧團分黨結派，但對他將會採取什麼樣的方法，他暫時仍無相關消息。

17

默默的反抗

　　這天正是佛陀在竹林每週一次的法會日，有一大群信眾前來聽他說法，包括了頻婆娑羅王和阿闍世王太子。阿難陀尊者留意到，從其他修道中心前來的比丘人數，比先前兩次法會的人數爲多，提婆達多尊者也在座，就坐在舍利弗和摩訶迦葉兩位尊者中間。

　　再一次，提婆達多在佛陀剛說法完畢時便站起來向佛陀頂禮，他說：「世尊，您常教導比丘過無欲無求的生活，只在生活上擁有最必須的東西便足夠，我現在想提出五條新的僧規，以使我們的生活更加符合簡樸的原則。

　　「第一，比丘們應該只在森林裡居住，而不准在村中或城裡投宿。

「第二，比丘們應該只靠乞食維生，而不准接受信眾在家裡的供食。

「第三，比丘們應該用別人丟掉的破布縫製衲衣，而不准接受在家眾在這方面的供養。

「第四，比丘們應該只睡在樹底，而不准睡在房間屋內。

「第五，比丘們應該只吃素食。

「世尊，如果比丘能依照這五條規例，他們一定可以達到無欲無求的生活。」

佛陀答道：「提婆達多，『如來』無法接受你提出的新例作為必守的僧規。當然，自願居住在森林的比丘是可以隨時這麼做的，但其他的比丘仍可以在精舍、村中或城裡居住。任何只想乞食的比丘，是可以拒絕接受在家眾在家裡的供食的，但那些認為接受在家供食可能有助於法理宣揚的比丘，則仍然可以這樣做。用破布縫衣，也應該是隨比丘的發心而行，只要他們沒有超出擁有三衣的原則，比丘們是可以接受這方面的供養的。我當然會很高興見到比丘發心只睡在樹底，但那些仍睡在房間屋內的比丘，我也一樣歡迎。只吃全素的比丘固然是難得，但只要比丘們知道在家人不是專意為供養他們而殺牲，他們仍可接受含有肉類的食物。提婆達多，在現行的僧規中，比丘們都有很多機會與在家人接觸。這樣，他們才能將教理與別人分享，從而使更多的人接觸到

正覺之道。」

提婆達多尊者問道：「那您是不肯接受這些新例了，對嗎？」

佛陀答道：「對，提婆達多，『如來』不能接受。」

提婆達多鞠躬後又坐下來，嘴角掛著一絲暗自滿意的微笑。

當天晚上，佛陀在竹林的屋子裡休息時，對阿難陀說：「『如來』其實是明白提婆達多的用意的，我相信僧團很快便會產生分裂。」

事隔不久的一天，阿難陀在王舍城遇見提婆達多尊者，他們在路旁停下來寒暄了幾句。提婆達多向阿難陀透露自己已經另立僧團，為追隨他的僧眾舉行自己的戒誦、懺儀、安居和自恣日。阿難陀聽到這消息之後，非常難過，立刻回去告訴佛陀。接下來在竹林舉行的懺儀上，阿難陀留意到有數百個慣常參加的比丘都缺席，他知道他們一定是去了提婆達多的中心了。

懺儀之後，有幾個比丘前來謁見佛陀，他們說：「世尊，跟了提婆達多的比丘，都不停慫恿我們加入他的僧團，他們認為提婆達多的僧規比您的嚴正，而且都拿您那次不肯接受提婆達多的建議為證明。他們都說竹林的僧伽生活太寬容，根本與在家人的生活沒有兩樣。他們又說，您只是空談過簡樸的生活，沒有真正積極地施行嚴規，他們都認為您很

虛偽。世尊，我們並沒有被他們說服，因為我們都對您的智慧充滿信心，但一些比較年輕的比丘都缺乏修行的經驗，尤其是那些經提婆達多授戒的，都傾向於信服他那五條嚴例。他們已決定今晚離開僧團，前去加入提婆達多的行列，我們只是認為應該讓您知道這件事。」

佛陀答道：「請你們不要在這件事上太勞心。最重要的是，你們要好好修行，作一個清淨高潔的僧人。」

幾日後，戌博迦到靈鷲山造訪佛陀，告訴他已有五百多名的僧眾追隨提婆達多，他們全都居住在提婆達多位於伽耶山的中心。戌博迦又告訴佛陀，正在城中進行的祕密政治活動，提婆達多也是活躍的分子之一，因此，他建議佛陀公開宣布提婆達多已不再屬於佛陀的僧團。

提婆達多成立了獨立僧團的消息，很快便傳開了，比丘們到處都被問及此事，舍利弗尊者指示他們以簡單的答覆回應，只需說：「種惡因的人，自然會受惡果之報。導致僧團分裂，是嚴重違犯教義的。」

一天，佛陀與幾位比丘談起戌博迦建議他正式宣布提婆達多不再屬於僧團一事。舍利弗尊者參詳之後，說道：「世尊，我們一向以來都在眾人面前讚許提婆達多尊者的才智與德行，現在如果又當眾宣稱與他脫離關係，是否適當？」

佛陀說：「舍利弗，你過去稱讚提婆達多，是否在說真話？」

「世尊，我那時當然是眞的稱頌他。」

「如果你現在公開斥責提婆達多的行爲，是否也是在說眞話？」

「當然了，世尊。」

「這樣便沒有問題了，最重要的，就是要說眞話。」

數日後的一次在家眾的集會上，比丘向信眾宣布提婆達多已被逐出佛陀的僧團，僧團因而不會再替他的行爲負責。

在這一連串的行動中，舍利弗和目犍連兩位尊者都異常沉默，即使是信眾對此事的提問，他們都三緘其口，不願作答。覺察到這個情形，阿難陀便問他們：「師兄們，你們對提婆達多的行爲，一直都沒有表示意見，是否別有打算？」

他們微笑，目犍連尊者說道：「對，阿難陀。我們有自己的方法服務佛陀和僧眾。」

外間流傳著很多關於僧團分裂的閒言。大多數都是歸咎於嫉妒和器量小，另一些則懷疑別有內情，以致於佛陀要公開聲言，與提婆達多脫離關係。不過，他們對佛陀和僧團的信心，始終沒有動搖。

一個風雨交加的早上，城中的人都驚聞頻婆娑羅王要讓位給阿闍世王太子的消息。新王就位的加冕儀式已擬定在十日後的月圓日舉行。對於沒有直接從頻婆娑羅王處獲悉此消息，佛陀覺得有點關心。一向以來，頻婆娑羅王在做重要決定之前，都必定會與佛陀商議。因此，佛陀對於這次事出突

然，覺得很值得懷疑。幾日後戍博迦再度來訪時，便證實了佛陀的疑慮是對的。

佛陀與戍博迦一起在山徑上行禪，他們踏著緩慢安靜的步伐，一邊觀察著自己的呼吸。走了一段時間，佛陀便請戍博迦與他一起坐在大石上。這時，戍博迦才告訴佛陀，阿闍世王太子已經軟禁了頻婆娑羅王。大王被困於宮中，除了王后之外，沒有其人可以與大王見面。就連大王最信賴的兩位謀士，也同樣被軟禁。他們的家屬還被矇在鼓裡，以為他們在宮中有要事商議，不能回家。

戍博迦會知道這麼多內情，都只是因為他日前入宮替王后治病，才獲知這些消息的。王后說，一個多月前的一晚，御前守衛發現太子悄悄溜進大王的寢宮，形跡可疑，搜查之下，他們發現他身藏利劍。於是，他們只好將他壓見大王，大王看著兒子說道：「阿闍世王，你為何要攜利劍入我寢宮？」

「父王，我是想來殺你的。」

「但你為何要這麼做呢？」

「我要自己為王。」

「你為什麼要殺父稱王呢？只要你和我商量，我一定會把王位讓給你的。」

「我不相信你會這麼做，但我顯然是錯了，請你原諒我吧！」

大王問他：「這是誰出的主意？」

阿闍世王太子起初不肯回答，但經過盤問之後，他承認是提婆達多尊者的主意。雖然當時已是深夜，大王仍召見他的兩位謀士，請問他們的意見。其中一位認為意圖謀殺大王是死罪，因此應該同時處決太子和提婆達多，他還建議所有的比丘也都必須處死。

大王卻不同意，「我不能殺阿闍世王，他是我的親生兒子。至於比丘們，他們已經聲明不會為提婆達多的行為負責。佛陀實在是有先見之明，他早已預料到提婆達多尊者會有此妄為，因而與他斷絕關係。但我也不想處決提婆達多尊者，他是佛陀的近親，而且曾是一位受敬重的比丘。」

另一位謀士讚歎道：「陛下，您的慈悲真是無量！您堪稱佛陀的真正弟子，那麼您要如何處置這個局面呢？」

大王說：「我明天會向百姓公布讓位給我的兒子──阿闍世王太子，他的加冕典禮將在十日後舉行。」

「但太子意圖刺殺之罪又如何處理呢？」

「我原諒我的兒子和提婆達多，希望他們倆會從我對他們的寬恕而有所領會。」

兩位謀士和太子，都對大王深深作揖，大王還吩咐守衛不要將此事外揚。翌日，提婆達多聽到大王讓位的消息後，便趕往城中謁見太子。後來，太子只告訴王后，提婆達多到來，是與他商議加冕儀典的安排。但王后卻發覺兩日後，大

王與兩位謀士都被軟禁。戌博迦在報告的最後說：「佛陀世尊，我日夜禱告，只希望太子會在加冕後釋放大王和他的謀士。」

第二天，一個王使送請柬來，禮請佛陀和比丘前往參觀加冕大典，全城的衛兵都已忙著張燈結綵，布置街道。佛陀也知道提達多尊者，將會帶同六百名比丘前往觀禮，於是佛陀召見舍利弗尊者，對他說道：「舍利弗，我不打算參加加冕大典，也不希望我僧團裡的比丘參加。我們不能對這次不公平的暴行，做出任何支持的表現。」

佛陀和比丘們的缺席，在大典上明確可見，人們的心裡，都生起了疑問。不久之後，大眾都知道了頻婆娑羅王和他的謀士遭到軟禁的事實了。全國的人民都開始對新王朝作出默默的反抗，提婆達多尊者雖然自稱為領袖，但一般人都看到他門下的比丘與佛陀的比丘有很大的差別。信眾開始停止供養提婆達多的徒眾，此舉也同時代表著他們對新任大王的譴責。

阿闍世王為此非常氣惱，但卻不敢對佛陀或他的僧團採取行動，他知道如果他對佛陀不利，民眾必然會起而反抗。再者，鄰近的國家也一向對佛陀非常景仰，如果佛陀受害，他們也必定不會坐視不理的。憍薩羅的波斯匿王，更有可能會出動軍隊來保護佛陀。阿闍世王唯有再與提婆達多從長計議。

18

隱藏的飯糰

已是很晚的一夜，佛陀正在靈鷲山上禪坐，他突然張開眼睛，見到一個半掩在樹後的人，佛陀便呼喚他出來。在明朗的月色下，那人上前，將一把利劍放在佛陀的腳下，然後像要作供似的俯身拜倒在地上。

佛陀問道：「你是誰？為什麼到這兒來？」

那人高聲說道：「喬達摩導師，請讓我向你頂禮。我是被派來刺殺你的，但我就是下不了手。你剛才禪坐的時候，我已經提起此劍不下十次，但我卻無法提起腳步走近你。我不能殺你，但又怕主人會因而殺我，你剛才叫喚我時，我止考慮著如何是好，請容我向你鞠躬致歉！」

佛陀問道：「是誰差使你刺殺『如來』的？」

「我不敢道明主人是誰！」

「好吧，我不勉強你說出主人的名字，但他怎樣吩咐你的呢？」

「大師，他教我從哪條路徑上山，又指示我成事之後從哪條路徑下山。」

「你有妻兒眷屬嗎？」

「沒有，大師。我還未娶妻，家中只有老母。」

「那你仔細聽我的指示，你現在立刻回家，與母親連夜離開，前往鄰國憍薩羅。你和你的母親，可以在那裡重新生活，不要依照你主人教你的路徑下山，他一定會有所埋伏，把你殺掉的，現在就走吧！」

那人再一次跪拜在地上，然後拔腿就跑，把劍也留了下來。

第二天早晨，舍利弗和目犍連兩位尊者前來，對佛陀說道：「我們認為現在是到對方僧團造訪一次的時候了，我們希望可以勸導那些一時無知而誤入歧途的兄弟，而特來請求您的批准，讓我們離開一段較長的時間。」

佛陀望著他們說：「如果你們認為是有此需要便去吧！但你們要小心為要，盡量保護自己，以免有生命危險。」

就在這時，舍利弗尊者留意到棄置在地上的劍，他看著佛陀的眼睛，似要對他發問。佛陀點頭，說道：「是的，昨夜有人派士兵前來刺殺『如來』，但『如來』到頭來卻給他

這人歎道:「喬達摩導師,我是被派來殺你的,但我下不了手。」

指引。就讓劍留在這裡，戍博迦前來的時候，我會請他替我拿走。」

目犍連望著舍利弗，說道：「在這種情況下，我們或許不應該離開佛陀。師兄，你意下如何？」

未待舍利弗回答，佛陀便說：「不用擔心，『如來』是可以避免凶險的。」

當天下午，有幾個比丘從竹林前來見佛陀，他們十分沮喪，說不出話來。一滴滴的淚珠從臉上滾下，佛陀問道：「發生了什麼事？你們為何落淚？」

一個比丘拭乾眼淚，答道：「世尊，我們剛從竹林過來。路上，我們遇到舍利弗和目犍連師兄，當我們問他們往何處去時，他們說要前往伽耶山。我們實在太傷心了，就忍不住哭了起來。已經有超過五百名比丘離棄僧團了，但我們真想不到連您的兩位首席弟子都會離棄您。」

佛陀微笑，安慰他們說：「比丘們，不要傷心。『如來』對舍利弗和目犍連很有信心，他們是不會背叛僧團的。」

這時，比丘們才比較心安，坐到佛陀的腳邊。

第二天，戍博迦在芒果園宴供佛陀，阿難陀尊者也一起同行。用食之後，戍博迦告訴他們毘提醯王后也剛好來訪，並問佛陀是否同意與她會面。佛陀知道戍博迦是有意安排這次會面的，因此便叫戍博迦請這位前王后出來。

向佛陀鞠躬作禮後，王后開始啜泣，佛陀讓她一舒懷裡

的抑鬱，然後輕聲地說道：「請你將一切告訴我。」

王后說：「世尊，頻婆娑羅王的生命危在旦夕。阿闍世王打算把他餓死，他不准我帶食物給我丈夫。」

她說大王被軟禁的初期，她是可以帶食物探望他的。但一天，當她照常攜帶著食物進入內宮時，守衛卻把食物拿走，只讓她空手入內。她又告訴佛陀，大王見她哭泣流涕，還勸她不要傷心，因為他對兒子的行為，絕不感到憤怒。他說寧願自己餓死，也不願見到國家動亂。翌日早晨，她把小小的飯糰放在髮間，手裡再拿著一盆食物。守衛只顧著沒收那盆食物，而沒有發覺她髮裡的小飯糰。如此，她才得以為丈夫繼續供食了幾天。但當阿闍世王發覺大王沒有被餓死時，便囑咐守衛對王后徹底搜查。最後，他們發現了她所隱藏的飯糰，使她無法再給大王食物充飢。

三天後，她又想出一個方法來。她探望丈夫之前，先把身體洗淨拭乾，然後將乳汁、蜜糖和麵粉混成漿狀，再塗上身體。待身體乾了之後，才穿上衣服，前往內宮。守衛不見她髮裡有飯糰，便讓她進去。這時，她便脫去衣服，小心削下漿塊給丈夫吃。直至目前為止，她已兩次成功地帶漿塊給大王了，但她唯恐事情敗露時，就連見大王的機會也可能被剝奪。

王后又忍不住再度飲泣起來，佛陀默然坐著，過了很久，他才問候大王的健康和精神狀況。王后告訴佛陀，大王

雖然消瘦了很多，但仍能支撐下去，而且他的精神意志，更是十分高昂。他沒有表現出任何悔恨之意，仍繼續如常地談笑自若，就像沒有發生過什麼事似的。他利用被軟禁的時間禪修，在宮內一條很長的走廊行禪。他房間的一個後窗正好對著靈鷲山，他每天都會朝著山峰禪坐一段很長的時間。

佛陀又問王后有沒有與她的兄長波斯匿王聯絡，當王后說她無法這麼做時，佛陀便說他會派一名比丘到舍衛城通知波斯匿王，請他盡量給予援助。

王后感謝佛陀，接著，她透露了在阿闍世王出生之前，宮中的天象家已預言太子日後會背叛他的父親。在她懷孕期間，曾經突然有咬破大王手指來吸血的衝動，她自己也被這種欲念給嚇到，更不敢相信自己會有如此恐怖的念頭。她從小便最害怕見到鮮血，不忍目睹家禽被殺，而那天，她竟然渴望一嚐他丈夫的鮮血。她當時極力抗拒這種欲念，直至大哭起來。她感到十分羞恥，雙手掩面，不肯告訴大王她的困擾。不久之後的一天，頻婆娑羅王用刀子削水果皮的時候，不小心割傷了手指。王后竟然不能控制自己，要吸吮大王手指流出的鮮血。大王雖然大驚，但也沒有制止她，王后接著便倒臥在地上哭泣。大王趕忙扶起她，問個究竟。這時，她才告訴大王她的恐怖欲念，無論她怎樣盡力抗拒，也敵不過這身不由己的衝動。但她知道她體內的嬰兒，才是這兇念的來源。

　　王室的天象家都提議把嬰兒打掉，或讓他生下來後把他殺掉，但頻婆娑羅王與王后都不忍這麼做。太子出生時，他們便為他命名為阿闍世王，意即「沒有出生的敵人」。

　　佛陀建議王后最好兩三天才往見大王一次，以免引起阿闍世王的懷疑。這樣，她每次探訪的時間便可以久一點。他又建議大王每次吃少一點那滋養的漿塊，留下一些以備王后無法前往探訪時食用。作了這番建議之後，佛陀便向戍博迦告辭，回到靈鷲山去了。

佛陀輕撫惡象的頭部。

19

象后的叫聲

在伽耶山逗留了剛逾一個月，舍利弗和目犍連兩位尊者便返回竹林，比丘見到他們回來，都非常高興。但當他們向兩位尊者問及伽耶山的情況時，舍利弗和目犍都只是微笑。數日後，超過三百名比丘從提婆達多的僧團回到了竹林，竹林的比丘都興奮得不得了，個個都忙著歡迎回巢的兄弟們。四日後，舍利弗尊者作了一次準確的核數，才知道從伽耶山回來的比丘達三百八十名之多。於是，他和目犍連尊者便一起帶領他們前往靈鷲山謁見佛陀。

佛陀站在屋子外，看見比丘們由兩位長者弟子帶領著上山，在靈鷲山上居住的其他比丘，全都從他們的房舍出來，歡迎這群回歸的僧人。舍利弗和目犍連先離開僧群一會兒，

和佛陀私聚了片刻，他們向佛陀頂禮後，便應邀坐下。舍利弗尊者微笑說道：「佛陀世尊，我們帶了近四百名比丘回來。」

佛陀說：「你們做得很好，告訴我，你們是怎樣令他們回心轉意的？」

目犍連尊者述說：「世尊，我們最初抵達時，提婆達多剛午食完畢，準備為比丘們開示。他似乎很想模仿您，當他見到我們的時候，他表現得十分高興，並請舍利弗到講台上，坐在他的身旁，但舍利弗拒絕了，只和我各坐在講台的一邊。提婆達多對比丘說：『今天，舍利弗尊者和目犍連尊者都來到這裡與在我們一起。他們都是我昔日的好朋友，讓我藉此機會，請舍利弗尊者為大家做今天的開示。』

「提婆達多轉過身來向舍利弗合掌，於是師兄便接受他的邀請，上前說法。他以極美妙的方法講說四聖諦，所有的比丘都聽得很陶醉，但我發覺提婆達多卻在打瞌睡，顯然是為近日城裡所發生的事疲於奔命。法會進行還不到一半，他已呼呼入睡了。

「我們在伽耶山的一個多月裡，參加了他們所有的活動。每三天，舍利弗師兄便會為比丘開示一次，他對比丘們的教導，都是肺腑之言。有一次，我留意到提婆達多的謀士瞿迦梨在他耳邊細語，但提婆達多卻沒有理會他，我相信瞿迦梨一定是想提醒他多加提防我們。不過，提婆達多卻很高

興有舍利弗師兄這樣的人才為他說法。

「一天，剛開示完『四念處』的教理之後，舍利弗對眾比丘說：『今天下午，我和目犍連尊者將要離開你們，回到佛陀和他的僧團那裡。親愛的弟兄們，真正覺悟的大師，就只有喬達摩導師一個。比丘的僧團是佛陀成立的，他才是我們的本源，我知道佛陀一定會很歡迎你們回去的。兄弟們，沒有比見到僧團分裂更人痛心的事了，我一生就只遇過一位真正的大導師，他就是佛陀。我們今天要離開了，但如果你們決定回歸佛陀，請前來竹林吧！到時，我們會帶你們前往靈鷲山與佛陀見面。』

「那天，提婆達多進城辦事，一向對我們都有顧忌的瞿迦梨尊者，便站起來抗議，甚至以粗言辱罵我們，但我們都只充耳不聞。我們取回自己的衣物，悄然離開伽耶山，前往竹林精舍。我們在竹林精舍逗留了五天，不到多久，三百八十名比丘便從伽耶山趕到。」

舍利弗尊者問道：「世尊，這些比丘有需要再受戒嗎？如果有需要的話，我會在他們正式跟您見面之前，為他們安排一個受戒儀式。」

佛陀說：「不必了，舍利弗。他們只要在僧眾面前懺悔過失便足夠了。」

兩位大弟子鞠躬後，便再與等候著的比丘會合。

接下來的數天，又有三十五名比丘離開伽耶山，舍利弗

尊者爲他們舉行過懺過大會之後，便爲他們引見佛陀。阿難陀尊者與這三十五位剛回來的比丘暢談伽耶山的情況，他們說，當提婆達多從王舍城回來，發覺近四百名比丘已回到佛陀的僧團時，怒得臉色發紫。接下來的幾天，他都沒有和任何人說過一句話。

阿難陀問道：「舍利弗和目犍連兩位師兄對你們說了些什麼，才使你們離開提婆達多尊者，回到佛陀這裡的？」

其中一個比丘答道：「他們從沒有說過提婆達多尊者或伽耶山僧團的一句壞話，只是全心全意說法。我們大都是受戒只有兩、三年，修行功夫仍未穩固的比丘，我們聽了舍利弗師兄的開示，並受到目犍連師兄的教導後，才體會到佛陀的教理是何等高深奧妙。有舍利弗和目犍連兩位尊者的高德與智慧在我們之中，就如同佛陀在我們之中一樣。我們不得不承認提婆達多的口才很了不起，但他與兩位尊者相比，便不可同日而語了。舍利弗和目犍連兩位尊者離開後，我們都做了詳細的考慮，才決定回到佛陀這裡的。」

阿難陀問道：「你們離開時，瞿迦梨比丘有何反應？」

「他怒氣沖沖地咒罵我們，但這反而讓我們更堅決地想要離開。」

一天，佛陀正站在山坡上欣賞著黃昏的景色時，突然聽到山下有人大叫：「世尊，小心啊！有巨石在您背後滾下！」

　　佛陀轉頭一看，見到如牛車般大小的巨石正向他滾來，由於山徑的岩石凹凸不平，佛陀一時間很難退避。幸而巨石將滾至佛陀之處時，便被另兩塊大石擋住了。可是，那些大石的衝撞力很猛，導致一些碎石頓時四處飛散，佛陀的足部被其中一塊碎石擊中，血流如注，把衲衣也染得通紅。佛陀抬頭一看，只見一個人在山上匆匆忙忙地逃走。

　　佛陀的傷口非常疼痛，他把披搭外衣摺作坐墊，放在地上，接著便跏趺坐在上面，集中呼吸平撫痛楚。比丘們都朝他走來，一個比丘喝道：「這一定是提婆達多所為！」

　　另一個比丘說：「各位兄弟，讓我們分頭往山間四處巡邏，以確保佛陀的安全。別再浪費時間了！」

　　全部的比丘都在那兒團團轉，鬧得本來平靜的傍晚不得安寧，佛陀說：「兄弟們，請別吵鬧，不需要這樣吵雜的，『如來』不需要受保護或看守，請回去你們的房子吧！阿難陀，派周那沙彌前去請戍博迦醫師前來。」

　　他們都照佛陀的吩咐去做，戍博迦沒拖延，立刻前往靈鷲山，並吩咐他們用擔架把佛陀抬下山，送往芒果園。

　　不到幾天，城裡的人便知道佛陀兩次被襲的事情，他們都覺得難以置信，而且感到非常不安。同一時間，他們又獲知頻婆娑羅王逝世的消息。他們現在才從多方面獲悉大王曾被軟禁的事實，人民的心裡，滿是悲憤，都以靈鷲山作為他們精神上反抗新王的象徵力量。他們對先王愈是哀悼，對佛

陀的崇敬便愈深，雖然佛陀對近來所發生的一連串事件都保
持緘默，但每個人對他的緘默，都十分諒解。

頻婆娑羅王去世時六十七歲，比佛陀年輕五歲。他三十
一歲那年，在佛陀的帶領下接受三皈依。十五歲繼位的他，
總共在位五十二年，其間，他曾在王舍城被大火燒毀後，重
建都城。在他的統治之下，摩揭陀一直享受著太平的日子，
只經歷過一場與鴦伽國的短戰。鴦伽的婆羅提多王戰敗後，
鴦伽有一段時間便落入摩揭陀的控制範圍。登位的補庫薩提
王，因與頻婆娑羅王交和，兩國便沒有再衝突了。也因為這
個緣故，補庫薩提王也成為了佛陀的門徒。頻婆娑羅王一向
都明白與鄰國敦親睦鄰的重要，他自己與憍薩羅國波斯匿王
的妹妹憍薩羅鞞毘公主成親，讓她成為王后，又從摩達羅與
離車兩族迎娶妃妾。他自己的姊姊則嫁給憍薩羅的大王為
妻。

頻婆娑羅王為了表示對佛陀的深切敬愛，在宮中的庭園
裡建了一座塔來供奉佛陀的頭髮與指甲。塔底四周的香燭長
期保持點燃著，以表示他對佛陀教誨的感恩。他安排一個名
叫窣祿摩蒂的宮女專職打理此塔，窣祿摩蒂細心料理塔旁的
花草，又將四周的台階隨時都保持得非常清潔。

佛陀被巨石襲擊的事件過後十天，佛陀與幾名比丘在城
中乞食時，阿難陀尊者突然見到一頭大象衝向他們，大象似
乎是從宮中的象房逃出來的，他認出這頭大象名叫摩羅衹

梨，牠的兇悍難馴，是眾所皆知的。阿難陀不明白，看管象
房的，怎會讓牠跑了出來。這時，所有的人都慌忙地逃跑，
大象揚著象鼻、耳朵和尾巴，直衝向佛陀。阿難陀抓著佛陀
的手臂，想把他拉開閃避，但佛陀卻一動也不動，屹然而
立，氣定神閒。一些比丘在他背後蹲著，另一些則拚命飛
奔，人人都尖叫著，呼喚佛陀趕快避開。阿難陀鼓起勇氣，
上前站在佛陀與摩羅祇梨之間，就在這時，阿難陀也預料不
到佛陀竟會喊出一聲威猛的吼聲，那是往昔在波奈耶伽的羅
稽特森林裡，佛陀對象后朋友的叫聲。

聽到吼聲時，摩羅祇梨離佛陀只有不到十尺。牠突然停
住了，然後四腳跪下，低著頭，像是要向佛陀頂禮一般。佛
陀輕撫摩羅祇梨的頭，然後一手握著牠的鼻子，引領牠回到
宮裡的象房。

眾人都拍掌歡呼，阿難陀微笑了起來。他回想起昔日自
己和佛陀還是小伙子的時候，年輕的悉達多在武術上未逢敵
手，他的武藝樣樣精通──箭術、舉重、劍術、賽馬等──
而今天，佛陀竟能把一頭狂奔亂撞的大象，也馴服得如他的
老朋友一般貼服。比丘和群眾一起隨著佛陀往象房走，抵達
時，佛陀給那看管的人一記嚴厲的目光，但接著卻用慈悲的
語氣說：「『如來』不需要知道是誰指使你把大象放出來，
但你應該明白這種行為的嚴重後果，數十人，甚至數百人，
都可能因而送命的，你要保證不會再有此種情形出現啊！」

那看管的人向佛陀跪下，鞠躬作禮，佛陀扶他起來後，便繼續與比丘們乞食。

佛陀與他的比丘，全都前往參加頻婆娑羅王的葬禮，喪禮儀式莊嚴肅穆，民眾都對失去賢君感到十分悲慟，每個人都紛紛前來向大王致以最後的敬禮。現場有超過四千名比丘參加。

葬禮完畢後，佛陀在戍博迦的芒果園度過一宿才返回了靈鷲山。戍博迦告訴他，在過去的一個月，毘提醯王后都被禁止探訪大王。大王是獨自一個人過世的，他被發現死去時，是倒臥在他最喜歡的窗前。他呼最後一口氣時，雙眼仍朝靈鷲山的方向望著。

葬禮之後不久，戍博迦帶了頻婆娑羅王與蓮花伐蒂王妃的兒子，無畏王子——來謁見佛陀。王子要求成為比丘，他告訴佛陀，自他父親死後，他已對榮華富貴的生活不感興趣。他曾多次聽佛陀說法，對覺悟之道非常嚮往，很想過比丘平和清淨的生活。佛陀欣然接受了他的請求，讓他加入僧團。

20

快樂的熱淚

十日後，佛陀披上外衣，持著乞缽，離開了王舍城。他越過恆河，朝北而行，沿途前往拜訪大林精舍之後，便前往舍衛城。雨季又將要來了，他要回到祇園精舍準備一年一度的安居。阿難陀、舍利弗和目犍連三位尊者，偕同三百名比丘與佛陀同行。

抵達舍衛城之後，佛陀便直接前往祇園精舍，許多比丘和比丘尼都已齊集來歡迎他，他們對摩揭陀發生的事故都略有所聞，現在見到佛陀安然無恙，他們才較爲安心。契摩比丘尼也在場，她現在是尼眾的主持人。

波斯匿王知道佛陀抵達，便立刻前來謁見。在談及王舍城的情況時，佛陀爲他細說每一個事件，包括與他的親妹妹

毘提醯夫人的會面。他告訴大王，毘提醯夫人雖然表面上仍保持平靜，但其實內心充滿了悲悽。波斯匿王說，他已派遣了人員前往王舍城，要求甥生阿闍世王解釋軟禁頻婆娑羅王一事，這是一個月前的事了，但到現在還沒有回覆。波斯匿王已再傳口訊，告訴阿闍世王如有需要的話，可以隨時到舍衛城親自向他解釋。為了表示他對此事件的不滿，波斯匿王已下令討回他妹妹嫁給頻婆娑羅王時，送給摩揭陀的一塊土地，這地區就在伽尸的波羅奈斯城外。

安居的第一天，所有的修道中心和精舍都非常擁擠，每十日，佛陀便會在祇園精舍為所有的僧尼說法開示。這些法會通常都是午食後舉行的。從遠處前來的僧尼因為趕不及乞食，在家眾便竭力做飯供菜，好讓他們不會餓著肚子聽法。

佛陀這次第一講的主題是關於快樂的，他告訴會眾，快樂是真實的，而且可以落實在日常的生活之中。佛陀說：「首先，快樂並不是感官之欲的滿足。感官的享受，只是真正快樂的幻象，而其實是苦惱的根源。」

就如同一個患了痲瘋病的人，被迫在森林裡獨處，因皮肉潰爛而日夜受著疼痛的折磨。於是他掘坑燃火，站在火坑上由得皮肉燒焦，使疼痛得以短暫消除，這便是他唯一可以感到比較舒適的方法。像奇蹟一般的，幾年後他的病情居然好轉，可以回到村中過正常的生活了。一天，他在森林裡見到一群有痲瘋病的人，一如他從前一般，在灼燒他們的身體

和手腳。他非常同情他們，因為他現在瞭解到，一個健康、正常的人，是不可能忍受這般火灼的。如果現在有人要把他拉進火裡，他必定會極力反抗。他瞭解到，他曾以為是舒適的感覺，其實是一個健康正常人的痛苦源頭。」

佛陀說：「欲樂就是火坑，它只會為有病的人帶來快樂，一個健康的人是會退避欲樂之火的。」

佛陀解說，真正的快樂來源，是自由與自在，因為只有這樣，我們才能夠經驗到生命的美妙。快樂就是覺察著當下所發生的一切，而同時絕無執著和憂懼。一個快樂的人會珍惜當下正在發生的每一件事情——一陣涼風、清晨的天空、一朵金黃色的鮮花、一棵紫竹樹、一個小孩的微笑。一個快樂的人懂得欣賞這一切，卻毫沒有被它們所繫縛。由於明白一切法的無常與無我，一個快樂的人是不會被這些享受所吞噬的。因此，這個快樂的人便能夠活得自在、無憂無懼。他明白一朵鮮花早晚會凋謝，因此它凋謝時，他不會傷心。一個快樂的人瞭解萬法生死之性，他的快樂才是真正的快樂，因為他對死亡完全不擔憂，也不懼怕。

佛陀告訴他們，有些人相信如果要在未來獲得快樂，首先要在現在受苦。他們在身心上作出犧牲並承受痛苦，以為這樣才會獲得日後的快樂。但生命是當下的存在，他們如此的犧牲，是在浪費生命。另有一些人認為要得到平和、喜悅和解脫，一定要先折磨自己，他們修習異常的苦行，刻意摧

殘自己的身心，佛陀說，這類的修行只會令人在現在與未來都產生痛苦。又有一些人認為既然生命短促，轉眼即逝，便應完全不顧未來，盡情去滿足他們目前的欲望。佛陀說，如此執於感官之樂，只會為現在和未來都帶來痛苦。

佛陀的教導，就是要避免兩極。他所教導之道，是要理智地生活，要讓現在和將來都得到快樂。解脫之道並不需要勉強身體受苦，以得到將來的快樂。單靠日中一食、禪修、修習四念處、四無量心和對呼吸的覺察，一個比丘便已經可以為自己和周圍的人創造現在和將來的快樂了。日中一食，可使身體健康輕盈，又可節省時間來修行。活得輕快自在，便能更容易幫助別人。比丘們獨身無子，並非是一種苦行，而是為了有更多時間為別人服務。比丘應能體驗到生活裡每一刻的快樂，如果他自覺因為要守清淨之身而被剝削了快樂，那他便不是生活在教理的精神之中。一個依循著獨身的真正精神而生活的比丘，是會散發出自在、平和與喜悅的，這種生活才會成就現在和未來的快樂。

法會之後，在家弟子富樓那納伽納問佛陀可否與他私談，她告訴佛陀，她的丈夫善達多給孤獨長者現在病重，承受著很大的痛苦，不能前來參加法會。他的病況已漸趨嚴重，生命危在旦夕，恐怕沒有機會再見佛陀最後一面了。

翌日，佛陀與舍利弗和阿難陀兩位尊者，一起前往探望善達多，善達多見到他們，非常感動。他臉色蒼白枯瘦，差

點兒不能坐起來，佛陀對他說：「善達多，你的一生充滿快樂和意義。你曾替無數的人解除痛苦，因而打動民心，被賜予『給孤獨長者』的美譽。祇園精舍，更是你創建的偉績。你為弘揚正法，也不遺餘力，而且一生依教奉行，為你自己、你的家人和其他人都造福不淺。你現在可以休息了，我會請舍利弗尊者常常來探望你，給你特別的指引，你不必到精舍去了，保留體力吧。」

善達多合掌以表示感恩。

十五日後，佛陀的法會講題是關於在家眾的生活，他告訴在家眾怎樣才能在日常生活中得到真正的快樂。他再次檢討他在稍早前為僧尼開示過的生活原則──「現在的平和、未來的平和」。佛陀說：「一個比丘過貞潔的獨身生活以能享受現在的平和喜悅，這種生活也肯定可以為未來創造快樂，但並不只是無家室的比丘才能享有這種快樂的，在家眾也可以依教奉行而獲得同樣的快樂。首先，不要為了金錢而過分沉迷於工作，以致影響目前的家庭幸福，你和你家人的快樂是首要的。一個體諒的目光、一個衷心接受對方的微笑、一句關懷的話、分享著溫馨和專注的一頓晚餐，這全都可以為現在這一刻創造快樂。培養當下此刻的覺察，可以避免令你身邊的人和你自己受苦。你對別人的目光、你的微笑，以及對別人付出的關懷，全都可以創造快樂。真正的快樂，並不是靠財富與名氣得來的。」

　　佛陀還記得幾年前在王舍城與一個名叫私伽羅的商人的一次對話。一天清早，佛陀持缽離開竹林不久，在城外一條小徑上遇到一個年輕男子，私伽羅正向東、南、西、北、上、下等六方叩拜。佛陀停下來詢問他這樣做的目的，私伽羅說，這是他父親從小教他每天清晨必做的儀軌，他一向就是這麼跟著做，卻從來不知道有什麼意思。

　　佛陀告訴他說：「叩拜是一種可以為現在和未來增長快樂的修行。」他告訴私伽羅向東方叩拜的時候，可以觀想對父母親的感恩，向南方叩拜時，可以觀想對師長的感恩，向西方時，可以觀想對妻兒的愛護，向北時，可以觀想對朋友的關懷，向下方時，可以觀想對同事們的感謝，向上方時，他可以觀想對所有聖賢的景仰。

　　佛陀教導私伽羅五戒，以及怎樣洞察一切，不再被貪念、憤怒、激情和恐懼等，影響他的行為。佛陀又告訴他要遠離六種導致墮落的行為──酗酒、夜間在城裡的街道上蹓躂、好賭、涉足歡場、與損友來往，以及懈怠。他又教導私伽羅如何斷定一個人是否為良友。他說：「一個好朋友應該是持久的，無論你是貧是富、歡喜或憂愁、成功或失敗，一個好朋友對你的感情，都是不會動搖的。他會聽你的傾訴，與你分擔苦惱，他也會讓你分享他的喜樂、分擔他的悲傷，同時又視你的悲喜如他自己的一樣。」

　　佛陀繼續他的開示：「真正的快樂，可以在此生實現，

只要你們奉行以下幾點：

1. 與賢德的善者結交以及避免跌入墮落之途。

2. 在對修行有幫助的環境中生活，以建立良好的品格。

3. 培養機會讓自己多學習正法、戒律以及你自己的行業。

4. 騰出時間來關心父母和妻兒。

5. 與別人分享時間、資源和快樂。

6. 盡量找機會去培養美德，不要好酒和賭博。

7. 學習謙遜、感恩和簡樸的生活。

8. 找機會親近比丘，以研習大道。

9. 一生的生活，都以四聖諦為基本原則。

10. 學習禪修，以消解苦惱憂慮。」

佛陀讚美那些在家庭和社會裡都活用教理的在家眾，他特別提到善達多給孤獨長者，並且說他是個一生致力於創造快樂、服務他人，以及過有意義生活的表率。善達多的心量非常廣大，一生都依教奉行。佛陀說，那些比善達多擁有更多財富的人，他們的快樂，遠遠不及善達多給予別人的快樂為多。善達多的妻子富樓那納伽納聽到這裡，已被佛陀對她丈夫的讚美感動得流下淚來。

她站起來，恭敬地對佛陀說道：「世尊，一個有錢人的生活，尤其是有很多產業的，通常都非常忙碌。我認為那些以簡單的職業維生的人，他們的生活會比較適合修行，當我

們看見比丘們無家庭妻室，只擁有三衣一缽時，我們都很渴望能過簡樸無憂的生活。我們雖然都想活得悠閒一點，但畢竟有太多的任務纏身，我們應該怎麼辦呢？」

佛陀答道：「富樓那納伽納，比丘們也有他們的任務啊，獨身的生活需要日夜都專念於戒行之中。一個比丘，把自己的生命奉獻給大眾，各位在家弟子，『如來』希望你們也一嚐比丘的生活，我們就叫此種修行方式『八關齋戒』吧！每月兩次，你們可以到寺院來受持此八戒一日一夜。你們要如比丘一般，日中一食，也可以行禪坐禪。你們可以整日享受貞潔、覺察、專注、輕鬆、平和與喜悅的僧尼生活。一天過後，你們便可以回到俗家的生活，如常的守持三皈五戒。」

「各位在家弟子，『如來』將會叫比丘安排八關齋戒的事宜，它可以在寺院甚或家裡舉行。你們可以請比丘到家裡為你們主持受戒儀式，並指點你們當天的修行。」

富樓那納伽納對佛陀的這個提議非常滿意，她說：「世尊，請問那八戒是什麼？」

佛陀答道：「不殺、不盜、不淫、不妄語、不飲酒、不穿戴華衣寶飾、不坐臥高廣大床，以及不用金錢。此八戒可以使你們免於昏沉顛倒，而且只有日中一食，會讓你們有更多的時間修行。」

眾人都很高興佛陀作出這項提議，讓他們在一些指定的

日子裡持守這八戒。

十日後，善達多家裡的僕人前來告訴舍利弗尊者，說善達多的病情突然惡化，舍利弗於是便叫阿難陀與他一起入城。他們到達善達多家裡，看見他在床上臥著，一個僕人拉來兩張椅子讓他們坐在床邊。

見到善達多正忍受著身體上的煎熬，舍利弗尊者便建議他觀想佛、法、僧，以減低痛楚。「善達多居士，讓我們一起觀想佛陀，徹悟的覺者；正法，智慧與慈悲之道；和僧伽，生活在和合覺察之中的高潔團體。」

知道善達多活不了多久了，舍利弗尊者對他說：「善達多居士，再讓我們做以下的觀想——我的眼睛不是我，耳朵不是我，我的鼻、舌、身、意都不是我。」

善達多依照舍利弗的指示去做，舍利弗又繼續說：「讓我們繼續觀想——我能見的不是我，能聽的不是我，能嗅的、嚐的、觸摸的、想的都不是我。」

舍利弗又教善達多怎樣觀想六種意識——我所見的不是我，所聽的不是我，所嗅到、嚐到、觸摸到、想到的，都不是我。

舍利弗又說：「『土』這樣元素不是我。水、火、空氣、空間和意識等都不是我。我沒有被任何一樣元素限制或纏縛著，生與死都不能碰我。我笑，因為我從沒有生，也永不會死。生不能使我存在，死也不能使我不存在。」

　　忽然，善達多哭了起來，阿難陀驚見淚珠流下居士的面頰，便問道：「善達多，怎麼了，你是否因為不能這樣觀想而覺得傷心？」

　　善達多答道：「阿難陀尊者，我一點也不傷心。在觀想上，我絕對沒有問題。我是因為太感動而落淚，我有幸侍奉佛陀和比丘超過三十年，但卻從未聽過像今天這樣的高深教義。」

　　阿難陀說：「佛陀時常都這樣教導比丘和比丘尼的。」

　　「阿難陀尊者，在家弟子也能明白並修行這些教導的。請您告訴佛陀，希望他也與在家弟子分享這樣的教理。」

　　當天稍後，善達多便去世了。舍利弗和阿難陀兩位尊者，都繼續留在他身邊，為他誦經。給孤獨長者這一個家庭，是其他家庭的典範，他全家的成員都皈依了佛陀，而且更在日常生活中虔修正法。善達多去世的前幾天，剛獲悉排行最小的女兒善摩揭陀，在鴦伽與眾人分享教理。她嫁了一個在鴦伽做官的丈夫，但他卻是追隨那些不穿衣服的異行頭陀的。他每次叫善摩揭陀與他一起探訪頭陀，她都婉然拒絕。過了一段時日，她對佛道的精深理解終於打動了她的丈夫，更為很多當地的人開啟了心窗。

21

———

修行的果實

　　雨季安居即將結束之際，憍薩羅和摩揭陀展開戰爭的消息突然傳來。阿闍世王親自帶領的軍隊，已經越過了恆河，進入了憍薩羅的司法管轄區伽尸。他與屬下將軍統領的部隊，陣容非常強大，包括了大象、馬匹、戰車、軍備武器和士兵。因為事出突然，波斯匿王來不及通知佛陀，便要出發前往伽尸。於是，他便吩咐祇陀太子代他向佛陀解釋。

　　佛陀早已知道，當波斯匿王獲悉阿闍世王殺害親父，以奪取王位時，他已向阿闍世王討回昔日送給頻婆娑羅王在波羅奈斯附近的一個地域，以表示對他的不滿。多年來，這個地區為摩揭陀帶來了超過十萬兩黃金的稅收。為了不願失去這個地區所帶來的利益，阿闍世王便向憍薩羅宣戰。

　　舍利弗尊者叮囑所有的比丘與比丘尼都暫時留在舍衛城，因為在激戰中出門，實在太危險了。他請佛陀也留在舍衛城，直至戰爭結束。

　　兩個月後，舍衛城的人民接到報訊，獲悉軍隊在伽尸戰敗的壞消息。波斯匿王和他的主將，都被迫退回都城。這時的局勢非常緊張，阿闍世王的部隊日以繼夜地攻城，幸而都城的防守鞏固，舍衛城才不至被攻陷。後來，全靠縈度羅將軍的機智謀略，波斯匿王才得以作出反擊，把局勢扭轉過來。在這次的戰役中，憍薩羅終於獲得大勝。阿闍世王與他的大將，全都被活擒，超過一千名士兵被俘擄，另有一千多名士卒殉戰或逃亡。憍薩羅更將他們的大象、馬匹、戰車和軍備等充公。

　　這場戰役歷時六個月，舍衛城的人民都為勝利而歡騰，大事慶祝。解散了軍隊之後，波斯匿王便前往祇園精舍探望佛陀，他告訴佛陀這次的戰役犧牲慘重，但憍薩羅是在阿闍世王的侵略下，出於自衛而戰的，他相信阿闍世王這次的行動，是受了讒言影響所致。

　　「佛陀世尊，摩揭陀的君主是我的甥兒，我是不能殺他的，也不想把他囚禁。請您教導我最明智的處理方法吧！」

　　佛陀說：「陛下，你身邊都是賢能忠良之士，戰勝實是早可預料的。阿闍世王被讒臣圍繞，無怪乎他會誤入歧途。『如來』建議你待他以摩揭陀國君之禮，並且花點時間，以

對甥兒的態度提醒他。你一定要讓他知道結交忠臣義士與良朋益友的重要性，之後，你便可以用正式的禮儀送他回摩揭陀去。你們兩國日後的長期友邦關係，便要看你這次是否處理得恰當了。」

佛陀召來一個名叫戒拔特的年輕比丘來介紹給波斯匿王認識，這位比丘原是頻婆娑羅王的其中一個兒子，也是阿闍世王同父異母的弟弟。戒拔特是個聰明伶俐的青年，十六歲開始，便以在家弟子的身分，跟隨目犍連尊者研習正法。摩揭陀轉政之後，他便請求目犍連尊者為他授戒為比丘。接著，他便被尊者派至舍衛城，在祇園精舍繼續修學。雖然目犍連尊者深知戒拔特對王位毫無興趣，但為免招惹嫉妒，他仍認為讓戒拔特遠離阿闍世王會比較安全。

波斯匿王向這年輕比丘詢問王舍城的局勢，戒拔特於是便向他報告他離開摩揭陀之前的一切所見所聞。他又告訴大王，曾經有人從摩揭陀前來想刺殺他。但最後，那人反被戒拔特說服而改變初衷，後來更成了比丘，住在城外的一個修道中心。波斯匿王聽完之後，便告辭回宮了。

不到多久，阿闍世王便被釋放，送回摩揭陀。波斯匿王欲以愛心來化解仇恨，自願把女兒跋吉羅公主許配給阿闍世王。這樣，阿闍世王便是他的甥兒兼女婿了。波斯匿王又答應將波羅奈斯附近那塊地區再送給阿闍世王作為女兒結婚的禮物。這次，波斯匿王真是盡了全力依照佛陀的建議去做。

　　因為戰爭已經結束，比丘和比丘尼都再次上路，四出弘法。波斯匿王下令在城外的郊區興建了一座精舍，定名為「皇家精舍」。

　　佛陀連續兩年都在祇園精舍安居，其餘的時間也是在這一帶講說正法。他只從來自摩揭陀的比丘的口中，才知道一些關於那兒的消息。這些比丘說，自從佛陀離開之後，提婆達多尊者就再也沒有受到阿闍世王的重用。那時繼續追隨他的一百多名比丘，已經有八十人重回竹林。提婆達多已日漸被人孤立，最近更患病，因而不能離開伽耶山。自從那次的戰役之後，阿闍世王沒有探望過提婆達多一次，但他也沒有到過竹林，只有與其他教派的領袖保持聯絡。不過，僧團在那裡的弘法活動卻沒有被阻礙。摩揭陀的僧俗二眾，都很渴望佛陀回去。佛陀不在，靈鷲山和竹林都變得非常冷清，戌博迦也等著佛陀回去。

　　那年冬天，憍薩羅的末迦利王后逝世，波斯匿王甚為悲痛，前來向佛陀請示。王后一向是大王的知己，大王對她十分鍾愛。王后又是佛陀的虔誠弟子，深得法要。在大王還未認識佛陀之前，王后已經與丈夫分享她對大道的理解。大王還記得有一次，他做了一個似是凶兆的夢，因而十分苦惱，他當時堅信婆羅門，於是便請祭師為他以牲畜祭神，以趨吉避凶，王后當時還極力勸阻。她一向都有從旁參政，在解決國家的難題上幫了大王不少忙。因為她是佛陀其中一個最虔

誠的在家弟子，而且喜歡研讀法義，所以她在一個種滿了美麗的柿子樹的公園裡，建了一座研法堂。她時常禮請佛陀和他的大弟子到這裡主持研討會和說法，也會開放法堂，讓不同教團的主要人物借用。

頓時失去了四十多年的老伴，大王來見佛陀，希望得到一點指示。他靜靜安坐在佛陀旁邊之後，心裡已漸覺平復了不少。他曾依照佛陀的教導，多習禪修。佛陀提醒他上次講及的教理，要多為周圍的人創造快樂，也鼓勵他改革國家的法制與經濟。他說體罰酷刑與判監處死，都不是撲滅罪行最有效的方法。罪惡與暴行，是飢餓與貧困的結果，要使人民感到安穩，最有效的方法就是建立一個健全的經濟環境。配給食物與種植的原料給貧困的農民，使他們可以做到自給自足，是很必要的政策之一。政府應該提供小商戶借貸，為工人儲存退休金，並讓窮苦的家庭免除稅收。對勞工的欺壓必須停止，人人都應該有自由去選擇職業。國家應該提供足夠的訓練機會給技工，以使他們專精於自己的行業。佛陀說，一個正確的經濟政策，是應該基於自發性的參與的。

阿難陀尊者因為坐在佛陀旁邊，所以談話的全部內容，他都可以清楚地記下來，日後收錄成為佛陀在政治經濟上見地的《矩吒唐特經》。

一天黃昏時分，阿難陀看見佛陀在鹿子母講堂外坐著，而且背著太陽而坐的。阿難陀感到有點奇怪，因為佛陀一向

都是喜歡看日落的。他問佛陀背日而坐的原因，佛陀說是因
為想讓陽光溫暖他的背部。阿難陀於是先為佛陀按摩上背，
繼而一直按至雙腳。他一邊按摩，一邊說道：「世尊，我已
侍奉您十五年了。我記得您的肌膚，從前是透著健康的光澤
的，但現在，您的皮膚上已有很多皺紋，而且腳上的肌肉，
也都又鬆又軟了。哎喲，我還可以數得到您有多少條骨頭
呢！」

佛陀大笑起來，「阿難陀，你活得長久的話，也會變
老。幸好我的眼睛和耳朵都仍很靈。阿難陀，你是否惦念靈
鷲山和竹林的樹木呢？你想再爬上靈鷲山看日落嗎？」

「世尊，如果您想回靈鷲山的話，請讓我陪您同行。」

那年的夏季，佛陀回到摩揭陀。他不緩不急地步行著，
把遙遠的路程分成幾段，中途到各個修道中心探訪。每到一
處，他都對比丘開示，又為在家信眾說法。他沿途經過了迦
毘羅衛、末羅、毘提迦族和跋耆族，才越過恆河到達摩揭
陀。在進入王舍城之前，他在那爛陀停留，探訪那裡的僧
團。

竹林和靈鷲山都美麗依然，都城與村裡的人，成群結隊
的前來拜見佛陀。一個多月之後，佛陀才有機會應戍博迦之
邀，前往他的芒果園。戍博迦在那裡興建了一座很大的講
堂，可以容納一千多名的比丘。

當他們一起坐在房子外的時候，戍博迦便訴說佛陀離開

後所發生的一切。知道毘提醯王后心情已經平復，佛陀也感
到十分安慰。她現在已改吃全素，而且更學習禪修。阿闍世
王反而在精神上受到極度的折磨。他對父親的死十分內疚，
心裡老是不得安寧，因而精神非常緊張，幾近崩潰。他常被
惡夢纏擾，因而不敢熟睡。不同教派的醫師與教士，都被召
來為他解消此種心理病況，包括珊闍耶毘羅胝子、阿耆多翅
舍欽婆羅、末伽梨拘舍梨、富蘭那迦葉、迦羅鳩馱迦旃延和
尼乾子等所創立的教派。雖然這些教士都已盡力而為，以期
將來能受到大王的特別護持，但可惜他們全都找不到有效的
方法。

　　一天，阿闍世王與他的妻子、兒子烏達衣巴達和母親毘
提醯太后一起吃晚飯。烏達衣巴達太子已經三歲，但因為大
王對他甚為溺愛，以致他被寵壞了。吃飯時，太子要求他的
小狗也與他同桌作伴。雖然這不是慣常所容許的，但大王這
次也破例批准。感到自己似乎有點過分縱容兒子，大王對母
親解釋說：「我也知道有隻狗同桌吃飯，是不大雅觀。但小
孩硬要這樣，我也拿他沒辦法。」

　　毘提醯太后答道：「你是因為愛惜你的兒子，才由他這
麼做，這實在不足為奇。你可記得你父王曾因為對你呵護備
至，替你吞下手上的膿液嗎？」

　　阿闍世王記不起這件事，於是便請母親為他說明。

　　太后述說：「一天，我們發現你的手指變得紅腫，才知

道原來是指甲下起了惡瘡。你疼痛難忍，整天啼哭不停，你
父親擔心你，因此也不能入睡。他把你抱到他的枕邊，將你
的小手指放進他的嘴裡。接著，他便吸吮你的手指，以減輕
你的疼痛。他一直這麼做，替你吸吮了整整四日四夜，直至
惡瘡熟破。這時，他又把膿液吸去。整個過程中，他仍不敢
把你的手指從口裡拿出，唯恐你的疼痛尚未完全消除。因
此，惡瘡的膿液，他都全吞下肚裡了。從這次的事件，你應
該知道父親是如何地愛護你了。你現在讓你的兒子與狗同
食，也只不過是愛子心切罷了，我是非常瞭解的。」

大王突然雙手抱頭，走出房間，再也沒有回來吃他未吃
完的晚餐了。那夜之後，他的精神狀況更趨惡化，終於請戌
博迦前來為他診治。阿闍世王向戌博迦伸訴他的悔疚與內心
的折磨，又告訴戌博迦所有的婆羅門和教士都幫不了他。戌
博迦只是坐著，一言不發。大王問道：「戌博迦，你為何不
說話？」

戌博迦這才答道：「我只能告訴你，喬達摩導師才是唯
一可以幫助你的人，你去請示他吧！」

大王一時沒有回應。後來，他自言自語地說：「但我肯
定喬達摩導師必定會仇視我。」

戌博迦不同意他的想法，「別這樣想吧！喬達摩導師是
不會憎恨別人的，他是你父親的導師和好朋友，你去找他，
就如同去見你的父親。如果你去見他，一定會找到內心的安

寧的。你應該能夠因此而補救你所造成的傷害，我的醫術遠遠不及佛陀的醫術高明，他雖然不是一個受過正統訓練的醫師，但他卻是醫師中的醫師，很多人都稱他爲『大醫王』。」

大王同意會考慮戍博迦的建議。

佛陀在靈鷲山逗留了幾個月，他前往區內各修道中心探訪，又答應到芒果園住一個月。就在這段時間，戍博迦安排阿闍世王與佛陀會面。在一個月色優美的夜晚，大王乘著大象，在一列侍從、妃妾和毘提醯太后的陪同下前來。抵達果園的時候，四周一片寂靜，大王頓時感到慌張和畏懼。戍博迦曾告訴他，佛陀與一千名比丘一同在這裡居住。果真如此的話，怎會如此安靜？難道是故意戲弄他？還是戍博迦埋伏的陷阱？他直接問戍博迦，這是否是想報復他，戍博迦大笑起來，指向講堂那圓窗透出來的微微燈火。

戍博迦說：「佛陀和他的比丘，此刻全都在裡面。」

大王從大象上下來，進入講堂，他的隨從家眷都尾隨而入。戍博迦指著坐在台上，背倚支柱的人，說道：「佛陀就在那兒。」

大王被這集體專注的沉默所感動，一千名比丘寧靜地圍繞著佛陀，就連衣袍的摺動聲也聽不到。阿闍世王與佛陀過去僅有數面之緣，因爲他從來都沒有跟父親一起來參加過佛陀的法會。

佛陀請他們坐下來，大王鞠躬後說道：「世尊，我記得

小的時候曾在宮中聽過您說話。我現在想問您一個問題。究竟是什麼修行的果實，能令千萬的人出家修道，以求證悟呢？」

佛陀問他有沒有問過其他導師同樣的問題。大王說，他也曾同樣詢問過許多不同的導師，包括提婆達多，但卻始終未獲得一個滿意的答案。

佛陀說：「陛下，今晚『如來』將會告訴你正法教理的果實，一些可以在當下享用的果實，又可以在未來收割的果實。你不需要尋求高遠的答案，只需要看清楚你手裡拿著的芒果。

「陛下，打個比喻。一個僕人從早到晚都要聽從主人的意思，去滿足他的要求。一天，他問自己：『我和主人都是人，為什麼我要甘願被他奴役？』這僕人決定不再當僕人，而出家去當比丘。他過著貞潔、勤奮和專念的生活，他日中一食，修習行禪、坐禪，在生活中的言行都表現著安詳與尊嚴，他變成了一個賢德而且受尊敬的僧人。雖然你知道他昔日曾是僕人，但當你現在見到他的時候，是否還會對他這樣說：『過來，小伙子，我要你從早到晚侍奉我，全聽我的吩咐。』」

大王說：「世尊，當然不會。我一定不會用這種態度對他說話的。我會恭敬地對他作禮，給他供食，更會保證他受到僧人在法律上應有的保護。」

佛陀說：「陛下，這就是比丘修行所得的第一個果實。他已從種族、社會以至階級的偏見中解脫出來。他已重獲一個作為人的尊嚴。」

大王說：「好極了，世尊！請您繼續多說一點。」

佛陀又說：「陛下，一個人的尊嚴只是第一果。一個比丘守持二百五十條戒律，以能常住於平和之中。沒有守戒的人，比較容易誤入歧途，他們可能會犯欺騙、醉酒、姦淫、邪盜，甚或謀殺等罪行。這種種的行為，都會在他們的身心上帶來可怕的懲罰，更會在被捕時被嚴刑處分。一個比丘因為守持不殺、不盜、不淫、不妄語和不喝酒，以及二百多條其他的戒律，他便可以比一般人容易實踐心理上較自在的生活，這也就是另一個可以在當下享用的果實了。」

大王說：「真好，世尊！請您繼續吧！」

佛陀說：「陛下，一個比丘只擁有三衣一缽，他從不會怕被賊劫財，也絕不需要防夜盜。他可以隨意地睡在樹下，了無憂慮。從恐懼釋放出來的自由，是一種最大的快樂。這又是另一種修行所致的現受之果。」

大王感動得全身顫抖，說道：「很好，世尊！請再說下去。」

佛陀繼續：「陛下，一個比丘過的生活非常簡單。雖然他每天只吃一餐，但他缽裡的食物，卻是來自千百個不同的家庭。他不會追名逐利，只用自己真正需要的東西，別無他

求。住在此種無拘無束的自在之中，便是此刻可以享受之果。」

大王又說：「了不起，世尊！請繼續說下去。」

佛陀說：「陛下，如果你懂得怎樣修行呼吸的覺察和觀想，便可以體驗到修行大道的人那種快樂了，那是禪修的悅樂。一個比丘觀察六根以能降服心性的五種障礙——貪欲、瞋恨、癡迷、怠隋、懷疑。他專注地觀察呼吸，用此創造滋養身心的喜悅，這能幫助他在開悟之道上有所進展。感官上所產生的快感，絕不能與禪修所得的悅樂相比的。禪悅能貫徹身心，消除所有的焦慮、哀傷與悲愁，使行者經驗到生命的奇妙。陛下，這是當下可享受的，最重要的修行果實之一。」

大王說：「太奇妙了，世尊！請您繼續。」

佛陀繼續說：「陛下，又因為一個比丘常住於正念而且堅守戒律，他便可以生起正定而洞悉萬法。由於洞悉萬法，他便可見到一切法無常、無我之性，因而不再為世法所纏縛。於是他便可以切斷所有煩惱的纏結——貪念、瞋恨、欲求、懈怠、懷疑、身見、邊見、妄見、邪見和誤以為是正見的錯見。斷除這所有的纏結之後，這名比丘便可證得解脫和自在。陛下，解脫就是真正的快樂，而且是修行的最大果實之一。今晚在這裡坐著的比丘，有些已證得此果。陛下，這是即生可證之果。」

大王讚歎道：「妙極了，世尊！希望您再多說一點。」

佛陀又說：「陛下，由於徹照萬法的實性，一個比丘知道一切法皆不生不滅、不垢不淨、不增不減、不是一不是多、不來不去。因為有了這樣的瞭解，一個比丘便不再分別。他以平等心視一切法，全無罣礙。他乘駕著生死的波濤，以救度眾生出離苦海。他為眾生引見大道，以使他們能一嚐解脫悅樂的滋味。陛下，能夠幫助他人從貪、瞋、癡的迷宮中解放出來，是最大的樂事。這種快樂，是可以從現在延伸展到未來的偉大修行果實。陛下，一個比丘接觸到什麼人，都不會忘記要引導人走入賢德與解脫之道的重任。比丘不會參與黨派政治，他們只會為社會的和平、道德和快樂作出貢獻。修行的果實並不是只為比丘所利樂的，它們也是國家人民可承繼的利業。」

大王站起來，至誠恭敬地合上雙掌，他說：「至尊之師！世尊！您用簡單之詞，卻已把我點亮了，您已讓我見到正法的真正價值。世尊，您已幫我把破碎了的，重建起來；掩蓋了的，重現出來。您又為我在迷失中找回正確的方向，將黑暗變為光明。我請求您，世尊，接納我為您的弟子吧，就如您昔日接納我的父母一樣。」

大王在佛陀面前俯身禮拜。

佛陀點頭答允，他請舍利弗尊者教導大王與王后念三皈依文，讀誦之後，大王說道：「現在已經很晚了，請容許我

們先行告退，因為明早我還有早朝。」

佛陀再次點頭應允。

佛陀與阿闍世王的會面，對所有在場的人都有利益，大王精神上的折磨大為好轉。那夜，他夢見父親對著他微笑，使他感到以往所造成的創傷，都得以復原。大王的心性，已全然改變過來，這為他的國民帶來了無限的喜悅。

自此之後，大王常私自拜訪佛陀。他再也沒有騎象前來，更不需要有侍衛同行，他就如他的父親昔日一般，爬著盤旋著山坡的精雕石階上山。在這些會談之中，阿闍世王向佛陀剖白自己的內心世界，更當著佛陀的面懺悔他以往的罪行。佛陀就視他如自己的兒子一般，提醒大王要親近賢良之士。

安居即將結束之際，戍博迦請佛陀讓他出家成為比丘，佛陀接受了他的要求，並為他起了維摩維憍陳納的法號。佛陀准許他繼續居住在芒果園，那裡已住有將近二百名比丘，也是佛陀在靈鷲山的意外中受傷後被送往照顧的地方。這兒的芒果樹長得非常茂密，使精舍的居住環境十分怡人。維摩維憍陳納比丘繼續在這裡種植草藥，以供僧團的比丘使用。

22

眼裡的星斗

　　雨季過後，佛陀與阿難陀遍遊摩揭陀，在最偏遠的地方停下來，為當地修道中心的僧俗二眾說法。路上，佛陀時會指著優美如畫的山光水色，囑咐阿難陀尊者仔細欣賞。佛陀知道阿難陀多年來只顧著盡心盡力地侍奉他，很可能已忘記去享受身邊的郊野景色了。

　　阿難陀侍候佛陀近二十年了。回想起來，他也記得佛陀曾多次指著怡人的景物對他說：「阿難陀，看那靈鷲山多美！」，又或「阿難陀，看那七葉般梨平原多醉人！」。阿難陀也很回味那次佛陀指著綠草圍繞著的金黃稻田，然後提議仿照這個圖案來縫製衲衣。阿難陀體會到佛陀懂得如何欣賞美麗的東西，卻不為美醜的分別所轉。

　　接下來的雨季，佛陀回到了祇園精舍。那時，波斯匿王正在出遊，所以沒有與佛陀接觸，他回來時，安居已過了一半。大王剛回來，便立刻前來謁見佛陀，並告訴他自己再也不想終日困在宮中。他知道自己年事已高，因此已把很多國務交給可信的重臣處理。他現在只想與三五知己出外遊歷，欣賞國內和鄰近國家的美景山色。他到其他國家時，並不希求有隆重的接待儀式，而只是以一個普通旅客的身分前往。他又利用這些出遊的機會，修習行禪，把所有的憂慮置諸腦後，他會在郊野裡踏著悠閒自得的步伐。他告訴佛陀，這些旅程使他的心境清新多了。

　　「佛陀，我已經七十八歲，與您同年。我知道您也很喜歡在山明水秀的地方步行，不過我的旅遊不像您的一樣，可以同時為他人服務。您每到一處，都必定停下來為人講說指導。所到之處，您都如光普照。」

　　大王又向佛陀吐露埋藏在他心裡已久的一大悔疚。七年前的一次政變暴亂中，他誤以為當時的軍部統領縈度羅將軍是主謀，便把他判決處死。幾年後，他才發覺將軍是冤枉的，之後，大王便非常內疚，他盡力地為將軍的名譽還回清白，更給他的遺孤豐厚的賠償，又委任他的姪兒——伽羅耶納將軍，成為新一任的軍事統領。

　　在安居剩下來的日子裡，大王每隔一天便前來參加法會、研討法理。有時，他就只是在佛陀旁邊靜坐著。安居結

束之後，佛陀又再上路，大王也與好友們出外遊歷了。

　　第二年，佛陀安居後在居樓逗留了兩個星期。接著，他便沿著河流，南下憍薩羅、波羅奈斯和毘舍離，然後才回到北部。

　　一天，在釋迦國內一個叫莫達藍巴的地區時，波斯匿王突然來訪佛陀。原來大王也正在附近，與吠度達巴太子及伽羅耶納將軍同遊。因大王聽聞佛陀在莫達藍巴，只需半天時間的行程便可抵達，於是便叫伽羅耶納將軍把馬車駛來。他們一群人前來，還有另外三駕馬車一起上路。把馬車停在佛陀居處的園地外之後，大王便與將軍入內。一名比丘引領大王來到佛陀在樹蔭下的寮房。

　　房子的大門是閉著的，大王緩緩地走到門前，整理一下衣裝。他把佩劍和王冠交給將軍，請他先把這些東西帶回馬車，然後在外面等候他。接著，大王才敲門入內。佛陀對大王的出現雖然有點驚訝，但卻非常高興，舍利弗和阿難陀兩位尊者當時也在寮房內。

　　佛陀請大王在他身旁坐下，舍利弗和阿難陀則站在佛陀後面。很出其不意地，大王突然又站了起來，跪在佛陀的腳下，吻他的雙腳。大王更連續說了幾遍：「世尊，我是憍薩羅國的波斯匿王，我恭敬地向您參拜。」

　　佛陀把大王扶到椅子上坐下，說道：「陛下，我們已是多年的老朋友，為何你要如此禮重？」

　　大王答道：「世尊，我年紀已經大了，有幾件事想跟您說，不然可能不會再有機會了。」

　　佛陀關懷地對他說：「請你說出來吧！」

　　「世尊，我對您這位大覺者有十足的信心，也對正法和僧伽同樣地有信心。我曾認識很多婆羅門和別教的行者。我曾看著他們修行十年、二十年、三十年，甚至四十年之久，而到最後他們也終於放棄了修行，重新墮入沉迷欲樂的生活中。但在您的比丘之中，我就沒有見過同樣的情形。

　　「世尊，我見過國王對抗國王、將軍對付將軍、婆羅門與婆羅門鬥爭、妻子惡罵丈夫、兒女責斥父母、兄弟相爭、朋友不和。但我卻看到比丘們和睦相處、互相尊重，如水乳交融般快樂地生活。這是我從來都沒有在別處見過的。

　　「世尊，我所到之處，都只見那些修道者滿臉憂鬱與滄桑，但您的比丘望上去則輕鬆愉悅，平和自在。世尊，我所見證的，都使我對您和您的教理很有信心。

　　「世尊，我是出自武士階級的國王，有權將任何人下獄或處死。但我與群臣商議時，仍經常受到騷擾。而您的僧團，就算有千個比丘聚在一起，也沒有半點聲響打斷您的講話。世尊，這實在難得。您並不需要用權位武力來迫使人們尊敬您。世尊，這也是我對您充滿信心的原因之一。

　　「世尊，我又曾見過那些著名的學者，想以刁鑽的問題難倒您。但當他們聽您說法後，都被您感動得目瞪口呆，把

所有本來要問的問題都忘記了，而都只有讚歎您。世尊，這又加強了我對您的信心。

「世尊，我宮中有兩個很好的馬伕，名叫伊師提婆和富蘭那。雖然他們都受我俸祿，但他們對我的尊敬，則遠遠比不上對您的。一次，我與他們倆一起出遊，途中遇上大風雨。那夜，我們便在一間很小的棕葉茅篷下度宿，他們整夜都在談論您的教化，等到他們終於睡著時，兩人的頭部都向著靈鷲山，而雙腳卻對著我！您沒有給們他薪俸，但他們倒覺得您比我重要得多。這又令我對您和您所教導的，都更有信心。

「世尊，您從前也是練武之人，我們彼此今年都是七十八歲，我想藉這個機會，對您表達我對彼此這份深厚友誼的感恩。如果您允許的話，我現在要請辭了。」

「請便吧，陛下。」佛陀說：「切記好好保重。」

他與大王一起走到門前，當佛陀再轉過身來的時候，他看見舍利弗和阿難陀合著雙掌，默然站著。他說：「舍利弗和阿難陀，剛才波斯匿王已表達了他心裡對三寶的敬仰，請讓其他人一起分享他所說的，以使他們的信念也增強。」

一個月後，佛陀回到靈鷲山。到達後不久，他便接獲兩宗壞消息，波斯匿王已在一些動盪的情況下辭世，目犍連尊者則在竹林外，被一些兇悍的苦行者殺害而亡。

波斯匿王並不是在宮中安詳而逝的，他是在王舍城一些

坎坷的環境下去世的。那天在莫達藍巴與佛陀會面之後，大王便走回馬車，但奇怪的是，本來有四駕馬車停在那裡，那時卻只剩下一駕。他的隨從告訴他，伽羅耶納將軍下令他們全都回到舍衛城，因為他持有大王的寶劍與王冠，他便脅令吠度達巴太子回去舍衛城登位為王，理由是大王已年老衰弱，再也不適宜當政了。太子初時也極力反對，但當將軍揚言要篡奪王位的時候，太子唯有聽從他的意思了。

波斯匿王立即前往王舍城，欲找他的甥兒兼女婿的阿闍世王求援。一路上，大王都沒有胃口進食，只喝了一點清水。他們很晚才抵達王舍城，為免半夜驚擾到宮廷，大王與隨從便在客店度過一宿。豈料大王這夜突感不適，就這樣在僕人的臂中猝逝了。他的侍從見到大王遭此悲慘命運，也不禁痛哭起來。阿闍世王知道這個噩耗之後，便立刻為大王安排一個莊嚴肅穆的喪禮。葬禮過後，阿闍世王本想派兵討伐吠度達巴的，但卻被維摩維憍陳納比丘，即昔日的戍博迦醫師所勸阻，他說既然吠度達巴是合法的王位繼承人，而波斯匿王又已經去世，這場戰役便可免則免。阿闍世王也覺得他說得有道理，於是便打消了出兵討伐的主意，更遣派使者前去舍衛城，以表示承認新王朝的成立。

目犍連尊者是佛陀最優秀的大弟子之一，與舍利弗和憍陳如不相伯仲。許多弟子都已入滅了，其中包括佛陀最初的五門徒之一的憍陳如。迦葉兄弟和摩訶波闍波提尼師也都已

去世。在耶輸陀羅比丘尼過世後不久，羅睺羅比丘也在五十一歲那年辭世。

目犍連尊者一向都以無畏與直言的性格見稱，他常坦言直說，絕不妥協。因為這個緣故，他在僧團外樹立了很多敵人。遇害那天，他與兩個弟子一早外出，原來精舍外早已埋伏了殺手。他們甫走出來，殺手們便用木棍襲擊他們三人。因殺手人數眾多，他們無法抵擋。目犍連的兩個弟子被打至重傷，倒在路旁，他們雖然大聲呼救，但已經太遲了。目犍連尊者慘叫一聲，震憾了整個森林。精舍內的比丘走出來視察時，目犍連尊者已回天乏術，而殺手也都逃去無蹤了。

佛陀回到靈鷲山時，目犍連尊者的屍體已被火化。他們把尊者的骨灰放進一個小甕，置於佛陀房子的門外。當佛陀問及舍利弗尊者時，比丘們說，自從目犍連尊者死後，他便一直把自己關在寮房裡。舍利弗和目犍連一向情同兄弟，形影不離。佛陀回來後還沒有稍作休息，便先走到舍利弗的屋子去探望他。

他們走向舍利弗的寮房時，阿難陀反覆揣測著佛陀自己的感受。對於突然失去了兩個最要好的朋友，佛陀怎麼不心碎？現在佛陀前去安慰舍利弗，但又有誰來安慰佛陀呢？佛陀似乎知道阿難陀心裡的疑問，停了下來，看著他說：「阿難陀，人人都稱讚你用功多聞，而且記憶力驚人，但你不要以為這樣便足夠。雖然照顧『如來』和僧團是很重要的，但

你還有更重要的事要做，剩下來的時間，你要精進修行，以衝破生死。你要視生死爲幻象，就如你揉目後所見到的眼裡的星斗一樣。」

阿難陀尊者低著頭，繼續默然前行。

第二天，佛陀提議建造一座塔來供奉目犍連尊者的骨灰。

23

———

二千僧袍

　　一天下午，正當佛陀在山坡上行禪的時候，兩名比丘用擔架扛著提婆達多尊者到來。這幾年來，提婆達多尊者的健康每況愈下。現在，正處於彌留之際的他，很想再見佛陀一面。追隨他的弟子，只剩下六人，即使是他從前最熱烈的支持者，也都已在多年前離他而去。他最親密的同僚——瞿伽梨伽尊者，也早已因為染上一種怪異的皮膚病而去世了。提婆達多在伽耶山度過的晚年雖然冷清孤寂，但是倒有很多時間來檢討他過去的所作所為。

　　佛陀知道提婆達多前來求見，便立刻回到自己的房子去接待他。提婆達多尊者瘦弱得坐不起來，連說話也有氣無力。他看著佛陀，很吃力地把雙掌合上，慢吞吞地說：「我

皈依佛陀。」佛陀於是把手輕輕地放在提婆達多的額上。那天晚上，提婆達多尊者便去世了。

正是炎夏，蔚藍的天空裡，找不到一點雲。佛陀行將上路的時候，阿闍世王的使者卻來求見。這位使者名叫婆刪伽羅，是大王的外務大臣。大王派他前來，是想知會佛陀他有意出兵討伐恆河以北的跋耆族國，出發之前，大王想知道佛陀對他這個大計的看法。

阿難陀尊者當時站在佛陀背後，替他搧涼，佛陀轉過身來問阿難陀：「阿難陀尊者，你有沒有聽聞跋耆族的人民是否仍時常聚會，討論政事？」

阿難陀答道：「世尊，我聽聞跋耆族的人民，是常有舉行聚會來研討政局的。」

「那麼，跋耆族應該會繼續興盛的。阿難陀，告訴我，你知道他們在聚會中，仍是那麼充滿團結與合作的精神嗎？」

「世尊，我聽聞他們都非常合作團結。」

「那麼，跋耆族是會繼續興盛的。阿難陀，跋耆族的人民仍是那麼奉公守法嗎？」

「世尊，我聽聞他們都嚴守國家的法紀。」

「那跋耆族肯定會繼續強盛。阿難陀，跋耆族的人民是否敬重賢能的領導者？」

「世尊，我聽聞他們都十分尊敬並聽從賢能之士。」

「這樣，他們的國家必會強盛的。阿難陀，你是否聽到跋耆族有姦淫擄掠等強暴罪行嗎？」

「世尊，在他們的國家內，完全沒有這些暴行罪惡。」

「那跋耆族必然會繼續繁盛。阿難陀，你有聽聞跋耆族的國民好好保存先人的祖寺嗎？」

「世尊，我也聽說他們是有這樣做的。」

「那跋耆族應該會繼續繁榮下去。你知道他們對已得道的精神導師，是否仍尊敬、供養並向他們學道？」

「世尊，他們的確繼續尊敬、供養得道的精神導師，更有向他們請教學習。」

「阿難陀，這樣，跋耆族便肯定會持續強盛了。阿難陀，『如來』不久之前曾向跋耆族的大臣宣說能使一個國家興盛的七種方法，稱為『七不退法』。它們就是：會聚商討、團結合作、奉守法紀、尊賢敬能、不暴不淫、保存宗寺和尊師重道。既然跋耆族的國民仍繼續行持這七種行為，這個國家必定會繼續繁盛富強。因此，『如來』認為摩揭陀是很難降服跋耆族的。」

婆刪伽羅大臣說道：「世尊，即使跋耆族的人民只守持其中一樣行為，他們都已經會興盛。因此，我也相信阿闍世王很難只靠武力取勝，如果他要成功，必須在跋耆族的領導階層，散播使他們內鬨的種子。多謝世尊的提示，我現在要回去報告大王了。」

　　婆删伽羅離開之後，佛陀對阿難陀說：「婆删伽羅很有計謀，『如來』恐怕總有一天，阿闍世王會出兵攻打跋耆。」

　　那天下午，佛陀吩咐阿難陀召集正在王舍城的所有比丘與比丘尼到靈鷲山聚會。當他們在七日後齊集時，總數達二千人。從山上望去，二千僧袍一起在微風中飄揚的景象，實在非常壯觀。

　　佛陀緩緩地從房子走下來，走到了僧尼聚集之處，然後踏上講台，遙望僧眾，微笑著說：「比丘和比丘尼，『如來』將會教導你們防止僧團衰落的七種方法，仔細聽吧！

　　「第一，要時常分成小組來研讀正法。第二，無論在一起或分開時，都要時常保持團結互助的精神。第三，尊重並守持僧團所訂定的戒律。第四，要尊敬並聽從團中有德行的長者之教誨。第五，要過清淨簡樸的生活而不為貪欲所動搖。第六，珍惜平和安靜的生活。第七，要常住於專注正念之中，以能達到平和、喜悅與解脫，因而可以在修行的大道上，互相扶持。

　　「比丘和比丘尼，如果你們都依照這七種方法修行，正法便會發揚光大，而僧團也便不會衰落。一切外來的因素都很難使僧團破裂，唯一能導致分裂的，就只有僧團內部的不和。比丘和比丘尼，當獅王在山林中死去時，百獸都不敢侵食其肉。唯有牠自己體內的蛆蟲，才能吞噬整個屍體。為了保護正法，你們一定要依此七法而行，絕不要像屍體內的蛆

蟲一般，從內吞噬獅子。」

佛陀又提醒僧尼們不要浪費時間於無聊的閒話、過度的睡眠、追逐名聞利養、貪求欲望、與敗德劣品的人在一起，以及自滿於對教理的淺見。他再提醒他們在修行道上必須注意的「七覺支」——專念觀想、審察正法、勇猛精進、喜獲法益、輕安自在、集中正定和捨離妄法。他也再一次重複無常、無自性、不執著、解脫和要降服貪欲的教義。

這二千名僧尼在靈鷲山逗留了十日，他們睡在樹底、山洞、茅房或山澗附近。佛陀每天都為他們開示，到了第十日，佛陀便告訴他們，可以返回自己的修道中心去了。

僧尼都離開之後，佛陀對阿難陀說：「我們明天到竹林去。」

拜訪過竹林之後，佛陀和阿難陀離開王舍城，前往很久以前頻婆娑羅王提供給修道者的阿彌巴納帝伽公園。在前往那爛陀的路上，比丘們一向以來都喜歡在這裡停下來歇息。舍利弗尊者就曾經與羅睺羅在這裡住宿過。佛陀為住在阿彌巴納帝伽的比丘們講說戒、定、慧。

接著，佛陀與一百名比丘同行，一起前往那爛陀。一路上，阿難陀、舍利弗和阿那律三位尊者都緊隨著佛陀而行。抵達那爛陀之後，佛陀便在波婆梨伽的芒果園裡休息。

第二天早上，舍利弗尊者在佛陀身旁默默坐了很久，然後說道：「世尊，我肯定在過去、現在和未來，都沒有一位

精神導師可以超越您的智慧和證境。」

佛陀說：「舍利弗，你這樣說，真有如獅吼般膽大，你可曾與所有過去、現在和未來的精神導師相遇過？」

「世尊，我雖然沒有與三個時代的大師相識過，但有一件事我可以肯定，我已親近您超過四十五年了。我曾聽您說法，又觀察您的生活方式，我知道您是常住於覺察之中的。您是自己六根的主人，您從沒有顯示貪欲、瞋恚、昏沉、不寧和懷疑正法等五種障礙。當然在過去、現在和將來，都會有一些證得智慧的大導師，但我相信沒有任何人可以超越您的智慧。」

在那爛陀，佛陀再為比丘們詳細講說戒、定、慧。接著，他回到波吒釐村，並受到當地的僧、俗二眾熱烈歡迎。除了接受他們供養飲食之外，佛陀又為他們說法開示。

翌晨，舍利弗尊者接到母親病重的消息，他的母親已過百歲，於是舍利弗請准回鄉省母，佛陀並親自送行。向佛陀三鞠躬頂禮後，舍利弗便與沙彌周那起程，前往納羅。

當佛陀和比丘們經過波吒釐村的城門時，摩揭陀的兩位官員，善梨塔和婆刪伽羅出來迎接。他們是阿闍世王派來這裡，希望將波吒釐村改變成一個大城市的。他們告訴佛陀說：「我們打算將您剛才經過的城門命名為『喬達摩城門』，請讓我們陪同您前往渡頭，我們也準備把那裡改名為『喬達摩渡頭』。」

乘船抵達吠舍離，佛陀發覺岸上張羅著祭壇、旗幟和鮮花來歡迎他。

連日來的雨水使恆河的水位高漲，以至站在高岸上的烏鴉，垂下嘴巴就可以喝得到河水。佛陀和比丘們分乘五艘木筏渡河，阿難陀尊者一直站在佛陀身旁。望過去，可見到對岸隔著水的毘舍離。

阿難陀回想起二十五年前佛陀在這岸上受到洶湧人潮的歡迎。那時，毘舍離正為瘟疫所侵。年老幼弱的死者，不計其數。毘舍離最高明的醫師，也不知所措。人們築起祭壇虔心誦經，但也於事無補。最後，他們剩下的唯一希望，就是佛陀。當時的德摩羅總督親往王舍城禮請佛陀到毘舍離一行，期望佛陀的大德能把厄運扭轉過來，佛陀答應前去。當時在王舍城送行的，有頻婆娑羅王、王后、宮中的官員和民眾。

佛陀坐船抵達毘舍離時，發覺岸上張羅著旗幟、鮮花和祭壇。那裡的居民，簡直當他是救世主，歡呼聲不絕於耳。維摩維憍陳納尊者，昔日的戌博迦，與幾位大弟子也一起同行。佛陀一踏上岸，突然雷聲震天，大雨傾盆。這是大旱天以來的第一場雨，正好為大家帶來一片清新的氣象和希望。佛陀和他的比丘被引領到俱胝村市中心的一座公園，在那裡講說三寶。之後，佛陀和比丘被邀請前往毘舍離，下榻於大林精舍。有賴佛陀的大德以及維摩維憍陳納的醫術，瘟疫開始控制住了，直至最後全消。佛陀這次在毘舍離住了六個月。

阿難陀想到這裡，他們已將近到岸。佛陀上岸之後，便走往俱胝村。他在這裡受到一大群比丘的熱烈歡迎，也為比丘們講說四念處和戒、定、慧。過了幾天，他又再度起程前往那提伽，在這裡，佛陀和比丘住在一間名叫那梨聚落的磚造房屋。

在那提伽，佛陀想起在這一帶地方去世的好一些弟子。他想起他的妹妹孫達梨難陀比丘尼、婆羅訶和那提伽比丘、在家弟子伽苦陀、跋陀和須跋特羅，以及多年前給他乳汁的善生。就在這一帶，已經有五十位比丘證得「入流」、「一返」和「不還」的果位。難陀比丘尼證得「一返」之果。婆羅訶和那提伽兩位比丘，則證得「阿羅漢」果位。

對佛、法、僧有信心的弟子，佛陀教導他們只需要向自心觀照，便可知道自己是否已入解脫之流，而不需要問別人。他在那提伽又為比丘們講說戒、定、慧。接著，他前往阿摩巴利在毘舍離的芒果園。在這裡，佛陀講說對身、受、心和法的觀照。

知道佛陀來了芒果園，阿摩巴離立即前來竭見佛陀。她給佛陀和比丘設宴供養，並在供食之後請求佛陀讓她受戒為尼。佛陀欣然答應之後，她便成為比丘尼。

佛陀在毘舍離再多次說教戒、定、慧。之後，他便前往貝魯婆村。因為雨季已經開始，於是佛陀便決定在這裡留下來。這是佛陀證道後第四十五次的安居，他囑咐所有的僧尼

都在毘舍離附近的修道中心或親朋好友的家裡安居。

　　安居期間，佛陀突然病重。雖然他非常辛苦，但卻沒有一聲怨言。他只是躺臥著，專念地留意著呼吸。起初，他的弟子都擔心他這次會一病不起，但後來，他的體力卻慢慢恢復過來，令弟子們歡欣不已。多日後，他更可以自行到房子外的椅子上坐下了。

24

檀香樹菇

　　阿難陀尊者坐在佛陀身旁,輕聲細語道:「我與您一起多年,從未見過您病得如此嚴重,我實在慌得整個人都像麻木了似的。我做日常事務時,變得糊里糊塗,頭腦很不清醒。大家都以為您捱不住了。但我告訴自己,佛陀世尊還沒有給我們最後的遺教,不可能這樣就進入涅槃的。我就是這樣想著,才沒有悲傷過度。」

　　佛陀說:「阿難陀,你和僧團對我還有什麼要求呢?我已經把全部的正法都詳細深入地教導給你們了。你以為我還會有所保留嗎?阿難陀,真正要皈依的,是教理。每個人都應該以教理作為自己的皈依。依照教理去生活吧!這樣,每個人便都會成為自己的明燈。阿難陀,佛、法、僧其實都存

在於每個人之中。覺悟的潛能就是佛，教理就是法，在修行上互相扶持的團體就是僧。沒有任何人可以把你內心的佛、法、僧搶走。即使是天崩地裂，我們每個人的自性三寶也都不會被損傷的，它們才是我們真正的皈依。當一個比丘投入專念，去觀照他自己的身、受、心、法時，他就是自己的海島，他已擁有最值得皈依的處所。沒有其他人，包括偉大的導師，會比你自己的正念和三寶可以給你更安穩的皈依。」

雨季安居將近結束時，佛陀也康復了許多。

一天早上，舍利弗尊者的侍從，周那沙彌——來找阿難陀，向他報告舍利弗尊者在納羅入滅的消息。他又把舍利弗的衣鉢和骨灰交給阿難陀，接著，周那便掩面痛哭起來。阿難陀尊者也低聲啜泣。周那說，舍利弗回到納羅之後，便一直照顧他的母親直至她去世。將母親火葬後，舍利弗便召集他的鄉親，為他們講說正法，又為他們授三皈依並指導他們怎樣修行。接著，他自己便跏趺蓮坐入滅了。這之前，他已吩咐周那把他的衣鉢和骨灰帶回來給佛陀，又囑咐周那請准留在佛陀身邊伺候。舍利弗尊者更告訴周那，他是刻意比佛陀先入滅的。

阿難陀尊者拭乾眼淚，與周那前去見佛陀。佛陀默默凝視著屬於他最出色的弟子的衣鉢和骨灰，沒有說話。接著，他看看周那，並伸手輕撫他的頭。

阿難陀尊者說：「佛陀世尊，當我聽到舍利弗師兄的死

訊時,我全身都僵硬了。我的眼睛和腦袋一片模糊,感到悲痛不已。」

佛陀望著阿難陀說:「阿難陀,你師兄去世時,有帶走你的戒、定、慧和解脫嗎?」

阿難陀低聲答道:「世尊,這不是我傷心的原因。舍利弗師兄在世時,全然活在教理之中,他常教導並鼓勵我們。現在舍利弗和目犍連兩位師兄都已不在,大家都感到很空虛似的,這教我們怎麼不惆悵呢?」

佛陀說:「阿難陀,我曾多次告訴你,有生必有死,有聚合必定有分離。一切法都是無常的,我們不應該被它們所繫縛,你一定要超越有生死和起滅的世界。阿難陀,舍利弗就像是供應一棵大樹養分的一枝莖,那枝莖依然存在於大樹之中,大樹就是這僧團中修行覺悟之道的比丘。只要你張開眼睛看清楚,便會見到舍利弗在你自己之內、『如來』之內、眾比丘之內、他所教過的人之內、周那沙彌之內,以及在他弘法時經過的每一條道路裡。睜開眼睛吧!阿難陀,到處都是舍利弗。不要以為舍利弗已經離開了我們,他現在就在這裡,而且將會永遠存在。

「阿難陀,舍利弗是個菩薩,一個以愛和慧引導眾生達到覺悟之彼岸的覺者。在眾比丘中,舍利弗被讚譽為智慧第一,他將會被後世視為有大智慧的菩薩。阿難陀,比丘中有很多都是如舍利弗般發了大願的菩薩。富樓那比丘、耶輸陀

羅比丘尼、善達多居士等，都是不辭勞苦、誓救眾生的大慈悲菩薩。雖然耶輸陀羅比丘尼和善達多居士都已經去世，但富樓那尊者仍繼續精勤勇猛地為眾生服務。『如來』想起目犍連尊者，知道他也是勇猛精進的菩薩，沒有多少人可以與他相比。以簡樸生活見稱的摩訶迦葉尊者，也是代表清儉生活的菩薩。阿那律尊者則是代表著精進勤奮的菩薩。

「阿難陀，如果世世代代的人都研習解脫之道，這個世界就會繼續有菩薩出現了。阿難陀，對佛、法、僧的信念，就是對未來僧團的信念。將來，一定會有像舍利弗、目犍連、富樓那、阿那律、耶輸陀羅和給孤獨長者一樣的菩薩出現的。阿難陀，你不用為舍利弗師兄之死而悲哀。」

那天中午，在恆河沿岸的烏伽支那村莊裡，佛陀平靜地公布了舍利弗尊者的死訊。佛陀勸勉各比丘致力於效法舍利弗，發大願心去救度眾生。他說：「比丘們，你們要皈依自己，以自己為你們的海島，別再倚賴其他人或物。這樣，你們才不會被悲哀苦惱的巨浪所淹溺。你們要皈依正法，以正法為你們的海島。」

一天早上，佛陀與阿難陀到毘舍離乞食。他們拿著食物，到附近的森林裡進食。之後，佛陀說道：「阿難陀，我們應該回到瞻波那寺院休息一個下午。」

沿途上，佛陀幾次停下來欣賞一些遠景山色，他說：「阿難陀，毘舍離真是美極了。鬱提納寺院很幽雅，喬達摩

伽、薩吒巴伽和多子等寺院，都非常美麗。我們將到那裡休息的瞻波那寺院，也是個很怡人的地方。」

　　爲佛陀整理好休息的地方後，阿難陀便到外面修習行禪。當他步行的時候，突然感到地面在腳下震動，他的身心也感到一陣震盪。他立刻回到寺裡，卻見佛陀仍安詳地坐著，阿難陀便告訴佛陀他剛才感覺到的地震。

　　佛陀說：「阿難陀，『如來』已經做好決定了。三個月後，我便將入滅。」

　　阿難陀尊者覺得自己的手腳都麻木了。他視線一片模糊，腦袋一片混沌，他跪在佛陀腳下哀求道：「世尊，求求您不要這麼快入滅，請您可憐您的弟子。」

　　佛陀沒有回答，阿難陀重複哀求了三次，佛陀才說：「阿難陀，如果您對『如來』有信心的話，便應該知道我的決定是適時的，我說我會在三個月後才走。阿難陀，去召集這一帶的比丘，前來大樹林的大林精舍講堂。」

　　七日後，一千五百名比丘和比丘尼齊集於大林精舍的講堂。佛陀坐在台上，俯視眾人說道：「比丘和比丘尼！所有『如來』傳授給你們的，你們都要用心思惟研讀、觀察實修，並親身體證，以能繼續世代傳承下去。生活於大道和修行大道，必定會繼續爲眾生帶來平和、喜悅與幸福的。

　　「比丘和比丘尼，『如來』所教導的精髓，都涵藏於四念處、四正勤、四如意足、五根、五力、七覺支和八正道。

研讀、修行、體證並傳承這些教理吧！

「比丘和比丘尼，一切法無常，世法生而後死、起而後滅。你們要用功修行，以得解脫。三個月後，『如來』就要入滅了。」

一千五百名僧尼默然聽著佛陀的話語，直接吸收他的言教。他們明白，這將會是他們最後一次聽佛陀說法了。知道佛陀要入滅，他們都覺得有點緊張和不安。

翌晨，佛陀又在毘舍離乞食，在森林裡進食。之後，他便和幾名比丘一起離開毘舍離。佛陀轉過頭來，以象后的眼神望著毘舍離城，對阿難陀說：「阿難陀，毘舍離很美。這將會是『如來』最後一次看它了。」佛陀轉過身來，看著前方，佛陀又說：「讓我們前往婆達村。」

那天下午，佛陀在婆達村為三百名比丘講說戒、定、慧和解脫。在那裡休息了幾天之後，佛陀又前往摩帝村、阿巴村和南瞻，並在這些地方為比丘們說法。之後，他們抵達豐財納伽羅，在當地的阿難陀寺院歇息，很多比丘都特來聽受佛陀的教誨。佛陀告訴比丘們必須自己體證教理。

「每當有人講說教理的時候，無論他們自稱來源多麼真確，你們都不要就此相信那是『如來』的根本教義。你們要拿他所說的與經典和戒律比較，如果他所說的不符合經律，你便不要聽從。如果是符合的，你們才可接受行持。」

佛陀繼續前往波婆城，下榻於一個父親是鐵匠的在家弟

子周那的芒果園。周那禮請佛陀與他同行的三百比丘到他的家裡受供。周那的妻子和朋友負責招呼其他的比丘，周那則親自侍奉佛陀。他特別為佛陀烹煮了一味菜色，叫善伽羅摩納婆，是用一種檀香樹菇炮製的。

佛陀吃過後，便告訴周那說：「我的周那啊，請你把剩下來的蘑菇埋在地下，不要給別人吃。」

吃過飯，佛陀為大家說法後，才與比丘們在芒果園休息。這晚，佛陀的腹部絞痛，整夜不能入睡。第二天早上，他與比丘再次上路，前往拘尸那，沿路上，佛陀的腹痛加劇，被迫停在樹底下休息。阿難陀尊者把多出來的僧衣摺好，放在樹下讓佛陀躺在上面，佛陀要阿難陀去取些清水讓他解渴。

阿難陀說道：「世尊，這裡的溪水剛有牛群經過，還是等到了迦拘他再喝水吧，那裡的水會比較清甜。到時，我再拿水讓你飲用、清潔。」

但佛陀說：「阿難陀，我口太渴了，請你現在就替我拿點水來吧！」

阿難陀唯有聽從吩咐，他也沒想到，當他把水盛到瓶裡時，本來滿是泥濘的水，頓時變得清澈。佛陀喝過水後，便躺下來休息。阿那律和阿難陀坐在佛陀身旁，其他比丘則圍繞佛陀而坐。

就在這時，一個從拘尸那來的男子剛走過，當他看見佛

出乎阿難陀意料之外，泥水盛到瓶裡，便立刻變清淨了。

陀和比丘時，便上前作揖鞠躬。他自我介紹，名叫補庫薩，是末羅族人，曾是阿羅藍大師的弟子。年輕時的悉達多也曾追隨這位大師學道，因此補庫薩已經聽過不少有關佛陀的事蹟。他再度鞠躬後，便為佛陀奉上兩件新的衲衣，佛陀接受了一件，然後囑咐他將另一件供贈給阿難陀尊者。之後，補庫薩便請求被接納為徒，佛陀為他說過一些教理後，便為他授三皈依。補庫薩滿懷高興地謝過佛陀，便請辭離開了。

因為佛陀身上穿著的衲衣已經染污，阿難陀便為他換上新衣，佛陀再次站起來，又與比丘們一起上路，走往拘尸那。抵達迦拘他河岸時，佛陀便在那裡沐浴一番，又再喝了一些水。之後，他們來到附近的一個芒果林，他要周那伽比丘把多出來的衲衣摺好，放在地上讓他躺下。

佛陀呼來阿難陀尊者，對他說道：「阿難陀，我們在周那家裡的一餐，就是『如來』的最後一餐了。一些人可能會指責周那給我吃如此糟糕的一餐，因此，我想要你讓他知道，我一生中最珍惜的兩頓飯，就是我證道前的一餐，和入滅前的最後一餐，他應該為給我供食了其中一餐而感到高興。」

稍作休息之後，佛陀站起來，說道：「阿難陀，讓我們越過尸賴拏伐底河，進入末羅族人的婆羅樹林吧，拘尸那入口處的那個森林，非常幽靜美麗。」

25

你們要精進！

　　佛陀和比丘們到達娑羅樹林時，已是傍晚時分。佛陀令阿難陀在兩棵娑羅樹之間稍作清理，讓他在那兒躺下。佛陀側臥著，頭頂向北，所有比丘都圍在他身邊坐著。他們都知道佛陀當夜便要進入涅槃。

　　佛陀往上看著四周的娑羅樹，對阿難陀說：「阿難陀，看！現在還未到春天，但娑羅樹上已開滿了紅花，你可見到飄下來的花瓣，都落在『如來』和比丘的僧衣上嗎？這樹林真美。你看到西面天邊那火紅的落日嗎？你可聽到娑羅枝葉在微風中的颼颼聲響嗎？『如來』覺得這些東西全都那麼可愛動人。比丘們，如果你們想讓我高興，想表達對『如來』的敬愛和感恩，方法就只有一個，那就是要將教理活用，實

踐於生活之中。」

這是一個很暖和的晚上。烏帕巴納尊者本來站著替佛陀搧涼，但佛陀卻叫他不需要這麼做。或許，佛陀是不想讓他站在那裡遮擋住這日落的美景吧！

佛陀突然問阿那律尊者：「為何不見阿難陀，他到哪兒去了？」

其中一個比丘說：「我剛才看見阿難陀師兄在樹後飲泣，他還自言自語地說：『我還未證得任何精神的道果，而師父便要與世長辭了。一直以來，沒有任何人比我師父更關心我的了。』」

佛陀令這比丘喚來阿難陀，然後安慰阿難陀說：「阿難陀，你不要傷心，『如來』時常都提醒你有關一切法的無常性。有生，便有死；有起，便有滅；有聚，便有散。怎可能會有生而無死？有起而無滅？有聚而無散呢？阿難陀，你多年來都全心全意地照顧我，竭盡全力地幫忙我，我對你十分感激。阿難陀，你有很大的功德，但是仍可更進一步的。只要你多用功一點，便可以跨越生死。你是可以證得自由解脫而超越所有煩惱的，我知道你做得到，而這將會是令我最快慰的事。」

對著其他的比丘，佛陀說：「沒有人是比阿難陀更好的侍者了，過去曾有其他侍從把我的衣缽丟到地上，但阿難陀卻從來沒有這樣。無論日常事物是大是小，他都照顧得非常

妥善。阿難陀永遠知道我要在何時何地與何人會面，無論是比丘、比丘尼、在家眾、大王、官臣，甚或其他教派的行者，他都會很善巧地安排這些會議，『如來』相信過去、未來，再也沒有一個覺者能找到一個比阿難陀更忠心、更能幹的侍者了。」

阿難陀尊者把眼淚抹去，說道：「世尊，請您不要就在這裡入滅，拘尸那只是一個到處都是泥房的小鎮，有很多更適合您入滅的大城鎮，如僧帕、王舍城、舍衛城、憍賞彌，或波羅奈斯。請世尊您再選擇一處更合適的地方，讓更多人有機會能見您最後一面。」

佛陀答道：「阿難陀，雖然這裡滿是泥房瓦舍，但拘尸那也是個很重要的地方。『如來』特別喜歡這裡的森林。阿難陀，你見到落在我身上的娑羅花了嗎？」

佛陀派阿難陀進入拘尸那，告訴末羅族人佛陀將會在當夜最後一更時分，在娑羅樹叢中入滅。末羅族人知道這消息之後，都立刻趕到森林裡去，其中有一個名叫須跋特羅的苦行者。所有的人都只是依次向佛陀鞠躬頂禮，但須跋特羅卻請阿難陀尊者讓他跟佛陀會面。阿難陀拒絕讓他這樣做，他說佛陀太累了，不宜接見任何人。聽到他們的對話，佛陀便對阿難陀說：「阿難陀，讓須跋特羅行者與我談談吧，『如來』會接見他。」

須跋特羅跪在佛陀面前，他已久仰佛陀的教化，只是從

來都未有機會與佛陀會面。他鞠躬說道：「世尊，我曾聽聞過很多精神導師的大名，如富蘭那迦葉、珊闍耶毘羅胝子、阿耆多翅舍欽婆羅、末伽梨拘舍梨、迦羅鳩馱迦旃延和尼乾子，我想請問，依您的看法，他們其中有沒有已證得真正覺悟的？」

佛陀答道：「須跋特羅，他們有沒有證得覺悟，並不是我們需要談論的。須跋特羅，讓『如來』指導你自己走上覺悟之道吧！」

佛陀為須跋特羅講說八正道，他結束時這麼說：「須跋特羅，有人實踐八正道的地方，便可以找到開悟的人。須跋特羅，如果你依此道而行，你也可以得證覺悟。」

須跋特羅行者頓時覺得心開意解，充滿喜悅，他又請求佛陀讓他受戒為比丘。佛陀囑咐阿那律尊者即時為他主持受戒儀式，於是須跋特羅成了佛陀的最後一位弟子。

剃去頭髮之後，須跋特羅便受戒並獲贈一件衲衣與一隻乞缽。佛陀這時環顧圍繞著他而坐的比丘，他們很多都是從附近的地區前來的，人數將近五百人，佛陀便對他們說話。

「比丘們！如果你們還有任何難題或疑問，現在就是問『如來』的時候了。請你們把握機會，不要在過後才自責為何今天面對佛陀而沒有問清楚。」

佛陀這樣重複說了三遍，但都沒有比丘發問。

阿難陀尊者高聲說道：「世尊，真好！我對比丘們很有

信心，我對僧團充滿信心，每個人都已經完全理解了您的法教，再也沒有人對證得大道的教理有任何疑問和難題了。」

佛陀說：「阿難陀，你這樣說，是由於你的信念所致。但『如來』知道的，卻是直接所見，『如來』知道這裡的所有比丘，都對三寶具足信心。這些比丘最低道果的，都已證得了『入流』之果。」

佛陀又默默地望了僧眾一遍，然後說道：「比丘們，細聽『如來』現在要說的話。一切法無常，如果有生，必然有死，你們要精進修行，以證得解脫！」

佛陀闔上雙目，他說了最後的遺言了。大地震盪，娑羅花如雨般從天降下，每個人都感到身心顫動，他們知道佛陀已進入了涅槃。

（讀者，請你把這本書放下，輕輕地呼吸幾分鐘之後，再繼續閱讀。）

佛陀離開了，一些比丘舉起雙手，猛然地撲倒在地上，然後高聲痛哭：「佛陀走了！世尊已經死了！世上再也沒有正法眼了！我們應該以誰為皈依？」

這些比丘號哭之際，另一些比丘則默默地靜坐，觀察著呼吸並靜思佛陀的教誨。阿那律尊者對他們說道：「兄弟們，不要如此痛哭！佛陀世尊的教導，是有生必有死，有起

必有滅，有聚必有散。如果你們眞正瞭解佛陀所教導的，便應該停止這樣的騷亂。請你們都坐正起來，細觀呼吸，我們要保持安靜。」

每個人都聽從阿那律的勸告，回到自己的原位坐下，尊者帶領他們誦經，這些內容是關於無常、空性、無執和解脫的經文，都是他們已能背誦的。不到多久，氣氛便回復了原來的肅穆莊嚴。

末羅族人燃點起火炬，誦念之聲在黑夜裡回響著，每個人都專注地集中在經文上。經過一段長時間的念誦，阿那律尊者爲大家講話，他讚揚佛陀的功德業績──他的智慧、慈悲、賢行、定力、喜悅與平等心。阿那律尊者說過後，阿難陀尊者又和大家重溫佛陀一生的美事。兩位尊者整夜輪流演說，五百名比丘和三百位在家眾都默默地聆聽者。一批火炬熄滅，另一批又被點燃起來，一直至天亮。

26

故道白雲

天剛破曉，阿那律尊者便對阿難陀尊者說：「師弟，到拘尸那去通知地方官員師父入滅的消息，好讓他們可以開始安排一切。」

阿難陀尊者便穿上外衣，入城去了。末羅族的官員剛在開會討論要事，當他們獲悉佛陀入滅的消息，都感到非常惋惜，並立刻擱下所有的要務，為佛陀安排葬禮。日上梢頭的時候，全拘尸那的人都知道佛陀在娑羅樹林去世的消息了。許多人都搥胸痛哭，怪自己沒有在佛陀入滅前去對他致上最後的敬禮。人們帶著鮮花、末香、樂器和布帳來到森林，他們跪在地上，然後將鮮花和末香擺放在佛陀遺體的四周。他們在那裡演奏一些特別的歌舞，又把彩色繽紛的布帳張羅在

森林裡的各個地方，而且也為五百比丘帶來了食物，整個娑羅樹林很快便充斥著節日的氣氛。阿那律尊者不時會敲響大鐘來請大家肅靜，然後引領他們誦經。

連續六日六夜，拘尸那和附近波婆城的民眾都前來供花、上香、跳舞並奏樂。各種的花朵，很快便厚厚地鋪滿在兩棵娑羅樹之間的地上。第七日，末羅的官員都在薰香的水裡沐浴過後，才穿上隆重的禮服，把佛陀的遺體扛到城裡。他們一直穿過市中心，再從東門而出，直往末羅的主寺和摩庫特婆達納寺。

地方長官為佛陀安排了帝王式的葬禮，佛陀的遺體被布匹重重的包裹著，然後被放進一副鐵柩之內，鐵柩又被置於一副較大的鐵柩內，接著，才又一起放到一大堆的薰香木柴上。

點燃木柴的時間到了。正當官員拿著火炬趨前時，一個騎著馬的男子趕到，呼喝著叫他們稍候片刻。他告訴大家，摩訶迦葉尊者和五百比丘正從波婆城趕來參加葬禮。

原來摩訶迦葉尊者本來仍在瞻波弘法，他在毘舍離獲悉佛陀行將入滅的消息，又知道佛陀朝北而行，於是便立刻出發趕上佛陀。每到一處，都有比丘加入他的行列，到了婆納村的時，與他同行的人數已多至五百人了。他們抵達波婆城時，碰巧遇到一個從相反方向來的旅客，襟上插著一朵娑羅花，他告訴他們佛陀已在六日前在拘尸那附近的娑羅樹林入

連續六日六夜，拘尸那的人民來到娑羅樹下，向佛陀供上鮮花、末
香，獻舞奏樂。

滅了。摩訶迦葉聽到了這個消息便帶領著五百名比丘趕往拘尸那。路上，他們又遇上這位騎馬的男子，答應他們要先去為阿那律尊者報訊，讓大家知道他們正在趕來參加葬禮。

中午時，摩訶迦葉尊者和五百名比丘終於來到摩庫特婆達納寺。尊者把僧袍的衣腳搭上右肩，合上雙掌，莊嚴肅穆地繞壇三次。接著，他面對佛陀的靈柩，與五百名比丘一起俯身禮拜，拜到第三拜時，柴木堆便被點燃起來了。在場的每個人，無論僧俗，都合掌跪下來。阿那律尊者敲起鐘聲，引領大眾一起背誦以無常、空無自性、無執和解脫為內容的經文。誦經聲和鐘響交織成一片，聲音雄渾莊嚴。

火焰熄滅之後，他們便在灰燼上澆上香水。靈柩被打開後，官員把佛陀的遺骨舍利放進一個金甕裡，然後安放在寺中的主壇上，大弟子們輪流守衛著這些佛骨舍利。佛陀圓寂的消息，已在數天前向其他的城鎮公布了，因此，鄰近的國家都派了代表團前來弔唁。每個國家的代表團都獲贈一份佛骨舍利，讓他們回國建塔供奉。這些國家包括了摩揭陀、毘舍離、釋迦、拘利、優那耶、波婆城和毘陀。佛骨舍利共分為八份，摩揭陀的人將會在王舍城建塔；離車的人會在毘舍離建塔；釋迦族的人會在迦毗羅衛城建塔；優梨的人會在阿拉伽波建塔；拘利的人會在摩羅村建塔；毘陀的人會在毗陀島建塔；而末羅族人則會在拘尸那和波婆城兩地都同時建塔供奉。

　　所有的代表團回到各自的國家後，比丘們也回到他們的本區去修行或弘法。摩訶迦葉、阿那律和阿難陀三位尊者，把佛陀的乞缽帶回了竹林。

　　一個月後，摩訶迦葉尊者在王舍城舉行了一次比丘大會，目的是要將佛陀生前的經教和訂下的戒律結集起來。他以修行的次第和在僧團的經驗為標準，邀請了五百位比丘出席，這次大會將會與安居同時開始，但卻會持續六個月之久。

　　摩訶迦葉尊者被公認為是僧團裡的第四位大弟子，僅次於憍陳如、舍利弗和目犍連。他以簡樸的生活和謙虛的態度著稱，是佛陀很信賴和愛護的弟子。有一件關於他的事，在僧團裡是眾所皆知的。二十年前，摩訶迦葉尊者用幾百塊破布縫製僧袍，一次，他把僧袍摺成坐墊讓佛陀坐在其上。當佛陀讚賞坐墊綿軟舒適時，摩訶迦葉尊者便將此僧袍贈與佛陀。佛陀微笑著接過後，又將自己的僧袍回贈摩訶迦葉尊者。大家又知道，當佛陀有一次在祇園精舍拈起蓮花，微笑著默然不語時，就是摩訶迦葉尊者對佛陀報以會心的微笑，佛陀的法藏，就此便傳承給摩訶迦葉尊者了。

　　阿闍世王大王是這次結集大會的贊助人。由於優婆離尊者一向對戒律有通達的認識，因此便受邀為大會誦戒，並替大家解釋每條戒律初訂時的環境和原因。阿難陀尊者則被邀請來複述佛陀一生的言教法理，包括每次講說的時間、地點

和因緣。

　　他們當然不會期待優婆離和阿難陀兩位尊者能夠全無錯漏，因此，在場的五百位比丘便可幫忙互相印證。結集的過程中，所有的戒律都被集於「律藏」（Vinaya pitaka）的名目之下，意思是「律例的籃子」，而佛所講說的法教則結集於「經藏」（Sutra pitaka）的名目之下。這些經典又分為四大類，以內容的主題和長短來區別。阿難陀尊者讓大家知道，佛陀曾告訴他日後可以廢除一些輕戒，但當比丘們問他佛陀有否說明是哪些輕戒時，阿難陀尊者說當時沒有向佛陀問清楚。經過詳細的商議後，大會決定把所有的比丘與比丘尼戒全都保留下來。

　　他們也記得佛陀曾經表示過，不同意把經典以古典的吠陀文寫出來。因此，所有的經典和戒典都是以原本的阿達磨嘎地語文寫成。大會一致認為，日後應把經典翻譯成其他方言，以方便不同地方的人研讀流通。他們也決定要多增加專責背誦經文的比丘人數，以保障經教能世代流傳。

　　結集大會結束後，所有的比丘也都回到他們各自的地方去修行或弘法了。

　　縛悉底尊者站在尼連禪河的河畔，觀看著流水。對岸的牧童正準備領著水牛渡過河的淺水處。每個牧童都攜著一把鐮刀和一個籃子，就像四十五年前的縛悉底一樣。他知道這

些水牛要吃草時，小童便會割下姑尸草，把他們的籃子盛得
滿滿的。

佛陀曾在這條河裡沐浴，那棵菩提樹，長得比從前更壯
更綠了，縛悉底尊者就在這棵可愛的大樹下過了一夜。這個
森林已不再像昔日那般幽靜，這棵菩提樹更成了人們朝聖的
焦點，而森林裡的叢野荊棘，也大部分都被清除了。

對於自己是被邀出席結集大會的五百比丘之一，縛悉底
尊者非常感恩。他這時已五十六歲了，在修行道上最親密的
朋友羅睺羅尊者，已於兩年前去世。羅睺羅本身，就是誠切
精勤的體現。雖然他是王者之後，但生活卻極盡清淡，他為
人謙恭，從沒有對別人談及他在弘教事業上的功績。

在佛陀從王舍城前往拘尸那的最後一段路程上，縛悉底
尊者也有同行。佛陀臨近入滅的時候，他也在左右。在波婆
城至拘尸那的那一段路上，縛悉底還記得阿難陀尊者問佛陀
要往哪兒去，佛陀只簡單地回答：「我要往北面走。」縛悉
底覺得自己明白他的意思。一生以來，佛陀從來沒有想著目
的地而行，他只是專注地投入每一步之中，享受著當下的一
刻。正如一頭象王子知道自己時限已至，而會返回故土，佛
陀也在他最後的日子裡朝北而行。他不需要等到抵達迦毗羅
衛城或藍毗尼園才入滅，只是朝北而行，就已經足夠。對他
來說，拘尸那本身，就是藍毗尼園。

被同樣一份對故鄉的情懷所驅使，縛悉底尊者也在前一

夜回到了尼連禪河的河畔來，這裡曾是他的家園。他仍然覺
得自己就是那十一歲大的牧童，替別人看顧水牛以養活弟
妹。優樓頻螺村依然如昔，每間房子門前，都種著木瓜樹。
稻田仍在老地方，河水依舊緩緩地流著，水牛仍是由小小年
紀的牧童帶到河裡清洗。雖然善生已不在村內，而他的弟妹
也都在別處建立了自己的家庭，但優樓頻螺永遠都會是縛悉
底的家。縛悉底回想起他第一次見到年輕的僧人悉達多在林
中漫步行禪的情景，又回憶起村童與悉達多在菩提樹下的多
次聚餐。這些往日的影像，都重新鮮活了起來。當這群牧童
從對岸過來的時候，他會向他們自我介紹。他們每一個男童
都是縛悉底，就如他很久以前被賜予一個機會踏上平和、喜
悅與解脫之道一樣，他現在也會為這些小童指示這條道路。

　　縛悉底尊者微笑。一個月前在拘尸那，他曾聽到摩訶迦
葉尊者講述他從波婆城出發時遇到的一個叫善跋陀的年輕比
丘。善跋陀知道佛陀已入滅時，便隨意輕率地說道：「老人
家去了，我們從此可以自由，再也沒有人責罵我們了。」雖
然摩訶迦葉尊者對他的口出狂言感到驚訝，但他並沒有說什
麼。

　　摩訶迦葉尊者沒有直斥年輕的善跋陀，但對阿難陀尊者
這樣一位受敬重的大弟子，他卻一點也不婉轉。本來，結集
大會的成員都已認定阿難陀尊者是必須出席的一位大弟子，
因為他能使經典準確地得以結集，但大會開始的前三天，摩

訶迦葉尊者卻告訴阿難陀尊者，他正慎重考慮取消阿難陀尊者出席大會的資格，他的理由是阿難陀尊者還未能深得法要，更未達到真正的開悟。其他的比丘都擔心阿難陀尊者會視此為恥辱而離開，但阿難陀尊者只是退下，然後把自己關在房子裡而已。他在那裡十分專注地禪坐了三日三夜，就在大會開始的那天早上，阿難陀尊者便證悟了。他在禪坐後回到床上休息，就在背部碰觸到睡墊的那一刻，恍然開悟。

那天早上，當摩訶迦葉尊者遇見阿難陀尊者時，他看著阿難陀的眼睛，便立刻知道發生了什麼事，他這才告訴阿難陀在大會上見面。

縛悉底抬頭，看見白雲在藍天裡飄浮而過，太陽高掛，河畔的綠草在晨光中閃爍著。佛陀在前往波羅奈斯、舍衛城、王舍城、以及無數的其他地方時，不知道在這條道路上走過多少次。佛陀的足跡遍布，而縛悉底現在所專注踏著的每一步，他都很清楚自己是重新走著佛陀的足跡。佛陀之道，就在他的腳下，佛陀曾見過的白雲，仍在天空裡。每踏出安詳的一步，都會令佛陀的故道與白雲得以重生。佛陀走過的道路，就在他的雙腳底下。佛陀已經過去了，但縛悉底尊者仍到處可見到他的存在。整個恆河流域，都種滿了菩提樹的種子，它們已生出根來，長成出壯的樹木了。四十五年前，沒有人聽說過覺醒之道。現在，到處都可見到穿著僧袍的僧尼，法舍也都四處林立。學士大臣，甚而大王與他們的

縛悉底尊者望著牧童涉水渡過尼連禪河。

家屬,都皈依三寶。社會上最貧窮和受壓迫的階層,也從正
覺之道中找到皈依,他們都從大道中找到了生命與精神的解
脫。四十五年前,縛悉底是個窮困的賤民牧童。今天,他是
一個跨越了所有階級和偏見障礙的比丘,縛悉底尊者曾被帝
王禮敬接待。

誰是這個可以造成如此深遠影響的佛陀呢?看著那些牧
童在河邊割著姑尸草,縛悉底這樣問他自己。雖然許多大弟
子都已經不在了,但有很多精進得道的比丘仍然健在,這其
中大多數還是年輕的。佛陀就像一顆巨大的菩提樹種子,種
子已破開來,讓堅強的根抓牢泥土。也許當人們看到大樹
時,他們都再也見不到種子,但種子仍在那裡,它沒有滅
亡,而是已變成了大樹。佛陀曾教導過,沒有一物是會從存
在進入不存在的。佛陀改變了形相,但他仍然存在,每個去
深入看清楚的人,都會見到佛陀在僧團裡。他們都會在勤
奮、慈愛和有智慧的年輕比丘中,見到佛陀的存在。縛悉底
尊者明白,他有責任去滋長佛陀的法身,法身就是教理和僧
團。只要「法」與「僧」持續鞏固,「佛」便會繼續存在。

望著牧童從對岸過河到這邊來,縛悉底尊者微笑了。如
果他不繼承佛陀的任務,為小童帶來平等、喜悅與平和,又
有誰會這麼做呢?佛陀已經發起了這個工作,他的弟子理應
繼續這樣去做。佛陀所散播的菩提種子,將會繼續在世界的
每一個角落萌芽。縛悉底尊者自覺佛陀在他的心田裡播了萬

粒寶貴的種子，他會悉心地照顧這些種子，讓它們長成堅穩強壯的菩提樹。人人都說佛陀死了，但縛悉底卻比以前更能感受到佛陀的存在，佛陀存在於縛悉底的身與心。縛悉底到處望去，都見到佛陀——那菩提樹、尼連禪河、綠草、白雲和每一片樹葉。這些牧童本身就是佛陀，縛悉底尊者對他們有種特別親切的感覺，他很快將會與他們搭訕，也許他們也可以延續佛陀的家業。縛悉底瞭解到，要繼承佛陀的家業，必要先像佛陀一樣細心覺察萬事萬物，專注地踏著平和的步伐，並時常帶著慈悲的笑容。

　　佛陀是本源，縛悉底尊者和這些年輕的牧童，就是源頭分支出來的河流。這些河流所到之處，佛陀都會在那裡。

—全書完—

中文—巴利文對照表

阿那律	Anuruddha
頞伽摩陀王	Arcimat
阿達磨嘎地語	Ardhamagadhi
阿私陀	Asita Kaladevela
馬勝	Assaji
阿闥婆吠陀	Atharveda
夜柔吠陀	Yajurveda
阿般提	Avanti
巴達梨伽（精舍名）	Badarika
巴帝耶	Baddhiya
滂河	Banganga
跋多迦毘羅梨	Bhadda Kapilani
勝妙獨處經（跋地羅帝偈）	Bhaddekaratta Sutta
拔提	Bhadrika
跋伽	Bhagga
薄功	Bhagu
婆達村	Bhandagama
婆私吒	Bharadvaja
鞞沙伽羅（園林名）	Bhesakala
豐財納伽羅	Bhoganagara
頻婆娑羅王	Bimbisara
婆羅提多王	Brahmadatta
梵網經	Brahmajala Sutta

梵天	Brahma
梵書	Brahmanas
瞻波國	Campa
瞻波那	Capala
車匿	Channa
質多	Citta
周那	Cunda
法塵那	Dhammadinna
大特波士	Digha Tappasi
帝迦羅揭	Dighanakha
燃燈佛	Dipankara
斛飯王	Dronodanaraja
加范培帝	Gavampati
伽耶山	Gayasisa
瞿師羅園精舍	Ghosira
尸賴拏伐底河	Hiranyavati
帝釋窟山，雁塔	Indrasailaguha
伊師提婆	Isidatta
仙人山	Isigili
伊師巴丹拿（鹿野苑）	Isipatana
祇陀	Jeta
祇園精舍	Jetavana
戍博迦	Jivaka

迦鹿茶離	Kaludayi
卡拉諾莉	Kalyani
迦毘羅衛城	Kapilavatthu
伽尸	Kasi
迦葉	Kassapa
髻設	Kesi
契摩	Khema
拘利	Koliya
憍陳如	（Annata）Kondanna
憍薩羅	Kosala
憍賞彌	Kosambi
俱眠村	Kotigama
蓮華日	Kumudi
居樓	Kuru
拘尸那	Kusinara
大林精舍	Kutagara
矩吒唐特	Kutadanta
離車（族名）	Licchavi
藍毘尼園	Lumbini
摩揭陀	Magadhi
摩訶波闍波提	Mahapajapati
末迦利瞿舍梨子	Makkhali Gosala
摩窟羅山	Makula

末羅（族名）	Malla
摩露伽子	Malunkayaputta
摩登伽	Matanga
彌伽	Megha
目犍連	Moggallana
那提迦葉	Nadi Kassapa
那爛陀	Nalanda
尼連禪河	Neranjara
尼乾陀若提子（尼乾子）	Nigantha Nathaputta
尼拘律樹園（菩提樹園）	Nigrodha Park
尼拘律	Nigrodha
蓮花伐蒂	Padumavati
迦羅拘陀迦栴延	Pakudha Kaccayana
波羅夷	Parajika
波奈耶伽	Parileyyaka
簸利婆羅闍迦	parivrajakas
波斯匿王	Pasenadi
波多恰拉	Patacara
巴連弗城	Pataliputta
波羅提木叉	Patimokkha
波婆城	Pava
自恣日	Pavarana
婆波特山	Pavatta

悉達多	Siddhattha
戒拔特	Silavat
申恕波林	Simsapa
憶念毘尼，又作憶止諍律	Smrti-Vinaya
蘇納	Sona
蘇納檔達	Sonadanda
善柏錫	Subash
妙巴	Subha
善跋陀	Subhada
須跋特羅	Subhadda
善達多	Sudatta
須帝那	Sudina
蘇納卡特	Sunakkhata
孫達梨難陀	Sundari Nanda
蘇利陀	Sunita
申怒波林	Supatthita
縛悉底	Svasti
自言毘尼，又作自發露止諍律	Tatsvabhaisya-Vinaya
如草覆地毘尼，又作草伏地、如棄糞掃止諍律	
	Trnastaraka-Vinaya
優陀夷	Udayin
烏陀迦羅摩子	Uddaka Rarnaputta
優婆離	Upali

一行禪師於法國和美國設有靜修中心，供僧尼或一般民眾修習專念的生活方式。個人、伴侶或家庭，皆可參加一日或一日以上的專念禪修活動。請上網至 www.plumvillage.org 查詢詳細資料，或直接聯絡以下的靜修中心：

Plum Village
13 Martineau
33580 Dieulivol, France
info@plumvillage.org

Green Mountain Dharma Center
P.O. Box 182
Hartland Four Corners, VT 05049
mfmaster@vermontel.net
Tel: (802) 436-1103

Deer Park Monastery
2499 Melru Lane
Escondido, CA 9202
deerpark@plumvillage.org
Tel: (760) 291-1003

欲查詢全球各地的一行禪師共修團體資料，請上網至 www.iamhome.org。

國家圖書館出版品預行編目資料

一行禪師說佛陀故事. III, 獅子吼篇／一行禪師
著；何蕙儀譯. -- 二版. -- 臺北市：法鼓文
化, 2016. 03
　面；　公分
　譯自：Old path white clouds：walking in the
footsteps of the Buddha
　ISBN 978-957-598-700-8（平裝）

　1.釋迦牟尼(Gautama Buddha, 560-480 B.C.) 2.
佛教傳記

229.1　　　　　　　　　　　105000580

大智慧 6

一行禪師說佛陀故事III・獅子吼篇
Old Path White Clouds:　Walking in the Footsteps of the Buddha

著者	一行禪師
譯者	何蕙儀
出版	法鼓文化
總監	釋果賢
總編輯	陳重光
編輯	蔡孟璇、林文理
插畫	Nguyen Thi Hop
封面設計	黃聖文
地址	臺北市北投區公館路186號5樓
電話	(02)2893-4646
傳真	(02)2896-0731
網址	http://www.ddc.com.tw
E-mail	market@ddc.com.tw
讀者服務專線	(02)2896-1600
初版一刷	2005年9月
二版五刷	2023年8月
建議售價	新臺幣750元（套書全三冊，不分售）
郵撥帳號	50013371
戶名	財團法人法鼓山文教基金會—法鼓文化
北美經銷處	紐約東初禪寺
	Chan Meditation Center (New York, USA)
	Tel: (718)592-6593 E-mail: chancenter@gmail.com

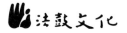
法鼓文化